Precisa-se (de) ser humano

Dados Internacionais de Catalogação na Publicação (CIP)
(Câmara Brasileira do Livro, SP, Brasil)

Santarém, Robson
Precisa-se (de) ser humano : valores humanos : educação e gestão / Robson Santarém. – Petrópolis, RJ : Vozes, 2016.

Bibliografia
ISBN 978-85-326-5192-1

1. Autoconhecimento 2. Comportamento – Modificação 3. Psicologia social 4. Seres humanos 5. Valores humanos I. Título.

15-10652 CDD-158.1

Índices para catálogo sistemático:
1. Valores humanos : Psicologia aplicada 158.1

ROBSON SANTARÉM

Precisa-se (de) ser humano

Valores humanos: educação e gestão

EDITORA VOZES

Petrópolis

© 2016, Editora Vozes Ltda.
Rua Frei Luís, 100
25689-900 Petrópolis, RJ
www.vozes.com.br
Brasil

Todos os direitos reservados. Nenhuma parte desta obra poderá ser reproduzida ou transmitida por qualquer forma e/ou quaisquer meios (eletrônico ou mecânico, incluindo fotocópia e gravação) ou arquivada em qualquer sistema ou banco de dados sem permissão escrita da editora.

Diretor editorial
Frei Antônio Moser

Editores
Aline dos Santos Carneiro
José Maria da Silva
Lídio Peretti
Marilac Loraine Oleniki

Secretário executivo
João Batista Kreuch

Editoração: Maria da Conceição B. de Sousa
Diagramação: Sandra Bretz
Capa: WM design
Ilustração de capa: © Mascha Tace | Shutterstock

ISBN 978-85-326-5192-1

Este livro foi publicado anteriormente pela Editora Quality Mark, em 2004.

Editado conforme o novo acordo ortográfico.

Este livro foi composto e impresso pela Editora Vozes Ltda.

Dedicatória

À Lúcia, o grande amor da minha vida, e a João Gabriel e Maria Clara, nossos filhos, que a cada dia se fazem mestres e de quem me torno aprendiz.

Agradecimentos

Ao Mestre dos mestres e Senhor da minha vida, que tem me conduzido, por diversos caminhos, a conhecer o Caminho, a Verdade e a Vida revelada em seus ensinamentos.

A todos os mestres – os da família e os das instituições de ensino: da primeira escola até o mestrado e aos da Universidade Holística Internacional – Unipaz; àqueles com quem convivi e convivo nos ambientes de trabalho e associações profissionais; aos grandes mestres que encontrei na comunidade de São Francisco de Assis no Morro do Jurumenha – São Gonçalo, RJ, e a todos da grande rede de amigos, que talvez sem saber, ao longo da história têm contribuído para o meu desenvolvimento.

Aos outros mestres – distantes ou próximos, anônimos e, sobretudo, aos excluídos da sociedade, que, com a sua eloquência silenciosa, me ensinam que ainda há muito por aprender e fazer.

Nesta 2ª edição, totalmente revista e ampliada, registro um agradecimento especial a todos os alunos do MBA Gestão de Pessoas da UFF Latec, que ao longo desses anos têm insistido na publicação desta obra, e a Osvaldo Quelhas e Marcelo Meiriño, diretor e coordenador do curso, por acreditarem e investirem na importância dos valores humanos na gestão.

Artistas, sábios e místicos são os grandes educadores da humanidade. São eles que caminham à frente no tempo, no espaço e na profundidade do próprio ser, a todos revelando os caminhos e os horizontes que todos temos dentro de nós mesmos. Com o trabalho e o suor deles vamos descobrindo que o divino está no humano, e vice-versa. Mas, sobretudo, vamos descobrindo com eles que o cerne da realidade é o paradoxo do Uno que se revela no verso, o Invisível no visível, o Ser nos seres, Deus nas criaturas. Tudo inicia no Uno, multiplica-se nos versos, e de novo caminha para o Uno. Tudo nasce de um mesmo Amor, se multiplica em muitos amores, e finalmente se reúne de novo no mesmo Amor. Aí está a beleza entrevista pelo artista, a verdade tateada pelo sábio, e o amor universal cultivado pelo místico. Beleza, verdade e amor que revelam e educam a humanidade a ser humana, sem nada lhe impor ou mandar, mas simplesmente propondo e convidando. Porque a beleza, a verdade e o amor são fruto de liberdade e Dom. Se forem impostos, destroem-se a si mesmos.

Storniolo, apud Chardin, 1994, p. 6.

Sumário

Prefácio, 11

Apresentação à 1ª edição, 13

Prefácio à 1ª edição, 17

1 O "olho" do problema, 21

2 Olham, mas não veem, 27

3 "Mal-olhado", mal-educado, 31

4 A extensão do "mal-olhado", 37

5 "De olho" no mercado, 47

6 Uma "re-visão" do olhar – O paradigma da complexidade, 55

7 A transdisciplinaridade – Transcender o olhar, 67

8 Educação em valores – Brilhando o olhar da esperança, 79

9 Um olhar sobre valores humanos, 87

10 Um olhar sobre valores, 97

11 Cada ponto de vista é visto de um ponto, 107

12 O meu ponto de vista, 111

13 Um olhar sobre a espiritualidade, 117

14 Responsabilidade social – O olhar de quem cuida, 133

15 Olhos nos olhos, 145

Anexos
1 Declaração Universal dos Direitos Humanos, 157
2 Declaração Universal das Responsabilidades Humanas, 167
3 Carta da Terra, 173
4 Carta da Transdisciplinaridade, 187
5 O Sermão da Montanha, 193

Referências, 201

Prefácio

Robson Santarém é consultor e executivo de recursos humanos. Sabe que a globalização, mais do que um fenômeno antropológico, é a produção da macroeconomia de mercado. Ela homogeneizou todos os espaços e nivelou as múltiplas culturas, desvirtuando suas ricas identidades. O seu interesse não é criar seres humanos – cidadãos livres e pensantes –, mas uma imensa massa de consumidores anônimos e sem consciência.

As escolas e as universidades, em grande parte, cooptaram a educação para criar funcionários que sabem e se dotam de grandes qualidades técnicas, mas que não aprenderam a pensar, a se conhecerem nem qual é o seu lugar na construção da história.

Este sistema centrado na produção, na mercantilização e no consumo não ama as pessoas nem se interessa em gestar cidadãos participativos. Considera-os apenas como força de trabalho, instrumentos de produção e eventuais consumidores. Há, aqui, um processo perverso de desumanização contra o qual devemos resistir e lutar.

É o que pretende Robson ao submeter a uma severa crítica esse sistema, que objetiva e sequestra a identidade das pessoas. Seu propósito é reinventar o ser humano com consciência, com valores e com espiritualidade. Enfatiza as dimensões emocionais e espirituais das relações humanas para, assim, mais facilmente, resgatar a humanidade distorcida e mutilada. Daí seu título: *Precisa-se (de) ser humano – Valores humanos: educação e gestão.*

De forma inteligente intercala suas reflexões de um humanismo bem fundado com histórias e relatos que exemplificam e tornam mais convincentes seus argumentos.

Seu livro é bem-vindo como subsídio para todos os educadores e especialmente para aqueles que na produção tratam diretamente com as pessoas, vendo-as primeiramente não como trabalhadores, mas exatamente como pessoas portadoras de um destino e testemunhas de valores que dignificam a vida e o trabalho.

Textos como este de Robson Santarém são urgentes, inspiradores e salvadores do que há de mais sagrado nos seres humanos: sua humanidade.

Leonardo Boff
Petrópolis, 1º de janeiro de 2016.

Apresentação à 1ª edição

Mudar o mundo é mudar o olhar... Necessitamos de uma Escola do Olhar e da Escuta, para fazer a travessia desta crise, de cegueira e de surdez. Como despertar, em nosso interior, o arquétipo de Salomão, de soberania e maestria, que sabe clamar por um coração que escuta. Quando nossos olhos e ouvidos se encontram abertos, o banquete do Instante nos nutre de tudo aquilo que necessitamos.

O racionalismo científico foi um movimento compensatório iluminista, de resgate da mente analítica, cuja função básica é reduzir o todo às suas parcelas, com uma pretensão explicativa, que gera o determinismo. Esta inteligência diabólica – de *diabolus*: o que divide – representou um valioso bisturi, para romper o excesso de fusão e de indiferenciação, que caracterizou os momentos obscuros do paradigma medieval. Deste fascínio exclusivo pelo fator diabólico, indispensável no desenvolvimento da sofisticada tecnociência, surgiu uma fragmentação epistemológica e o esfacelamento do conhecimento, esta dissociação que Basarab Nicolescu denomina de *big-bang disciplinar*.

O enfoque alienado da superespecialização levou-nos a este grande e triste paradoxo: na medida em que conhecemos mais, compreendemos menos. Com a perda gradativa da visão global, nossas ações se desconectaram de um sentido, de uma orientação. Como bem ilustra o mito mais importante que a Modernidade nos ofereceu, o do Doutor Fausto, na sua versão mais famosa de Goethe: um ser humano obcecado pelo progresso, pelo conhecimento e poder; que vende a sua alma para o diabo, representado pelo Mefistófelis.

Diante das questões globais, da interconexão de tudo nesta tapeçaria complexa, povoada por eventos probabilísticos, que denominamos de Universo, nenhuma mente especializada, caracterizada pela castração visual e unilateralidade de visão, poderá responder inteligente e criativamente.

Sendo assim, nosso grande e urgente desafio, neste tempo de transição para uma nova consciência, é conspirar pelo resgate da mente simbólica – *symbolos* é o oposto de *diabolus* –, o sagrado que tudo religa, que joga pontes entre as fronteiras e resgata a consciência de unidade. Recuperar nossas asas, sem perder nossas raízes, eis a grande ciência e arte do paradigma holístico emergente.

Não se trata de um antagonismo e, sim, de uma complementaridade metodológica. A aliança entre o diabólico e o simbólico, entre a análise e a síntese, entre o masculino e o feminino, nos leva a uma consciência de integração, que transcende esta polaridade, mantendo o positivo de cada uma destas inteligências. Desta heurística e sinérgica parceria dependerá o futuro das novas gerações.

A grande e ousada tarefa é a de transcender a normose, a patologia da normalidade, caracterizada pelo comodismo diante dos absurdos e dos desequilíbrios do sistema, pela estagnação evolutiva e pela incapacidade de ver o óbvio. Necessitamos de um mutirão de inteligência e de um investimento prioritário no terreno da subjetividade, da ética, da consciência e da inter-subjetividade, para facilitar este parto de uma nova consciência neste milênio que desponta, entre gemidos e cânticos.

É um alento constatar que seres humanos, das mais diversas procedências e competências, estão despertando para a realização desta obra-prima, que consiste em atualizar a nossa mitologia esgotada, preservando os seus aspectos funcionais, na direção de um Novo Mito, mais vasto e consistente, que possa nos orientar no desvelar de uma humanidade também mais inteira e íntegra.

Este é o inusitado valor deste oportuno livro *Precisa-se (de) ser humano*, do Robson Santarém. Colocando a ênfase na questão do olhar, do universo da complexidade e dos valores, é um instigante e atualizado texto, que se suporta na abordagem transdisciplinar da realidade. Aliando ciência e consciência, Santarém veleja águas profundas, com harmonia e graça, citando fontes límpidas e lúcidas e anexando nobres e valiosos documentos à sua obra, indicando um horizonte ampliado de atuação profissional, no marco da reconstrução do grande e esquecido Projeto de nossa espécie, em espasmos de morte e de renascimento. O negócio é Ser Humano!

Como diz o poeta Pessoa, *A vida é o que fazemos dela. As viagens são os viajantes. O que vemos não é o que vemos, senão o que somos.*

Que nossos olhos se abram, acolhendo a existência e a Essência, o Finito e o Infinito, o Ser que passa e o Ser que É. Em marcha!

Roberto Crema
Colégio Internacional dos Terapeutas
Vice-reitor da Rede Unipaz

Prefácio à 1ª edição

A leitura de *Precisa-se (de) ser humano* me deu o enorme prazer de revisitar o que considero pontos-chave na discussão das relações humanas. Além da amizade que me une ao autor, os paralelos entre o que tenho escrito e dito e a mensagem essencialmente cristã deste livro me fazem sentir confortável na honrosa escritura deste prefácio.

"Meu compromisso fundamental é com o ser humano", anuncio na primeira parte de *O jogo da malha*. E eis que o ser humano, posto em foco por uma visão deliberadamente comprometida com a emoção e a espiritualidade, permite a Robson Santarém recuperar, no meio acadêmico, um discurso que jocosamente chamo de "coisa de padre" ao tratar da responsabilidade social no meu livro. Muito me alegra encontrar eco para a "constatação de que algo precisa ser feito para a construção de uma sociedade mais fraterna, mais humana, enfim, de uma sociedade inclusiva".

A começar pelo título, que logo convida o leitor a ver o ser humano em sua complexidade, em suas múltiplas conectividades e em sua dimensão simbólica, este livro se inicia por distinguir entre a individualidade singular da pessoa e o individualismo que a lógica da competitividade acirra e exalta. A lembrança de que a "universidade ainda tem o papel de formar para a cidadania" abre espaço para a crítica à "educação" tecnicista, que, coerente com a premiação aos vitoriosos e fortes, está a serviço da competição que exclui.

O fruto desta "educação" se apresenta nas organizações na forma de uma racionalidade que alcança o paroxismo quando, em nome de normas supostamente técnicas, reforçadas pelos senhores feudais dos departamentos, transforma direitos em instrumentos de punição e tortura. No "trilho da especialização, do cumprimento de regras, da conduta normatizada e disciplinada", sacralizam-se competências que são, na verdade, fragmentos, quase nunca em concerto, de conhecimentos e saberes.

A "rede de comunicação fraterna e solidária" que desejam Santarém e todos os homens em quem se preserva a lucidez depende, dentre muitos outros esforços, da mentalidade e das ações aqui propostas. A consciência da interface com a natureza, a formação de uma sociedade que invista tanto na inclusão quanto nas "tecnicalities", o cumprimento de regras trabalhistas antes do *marketing* de suposta responsabilidade social bem que poderiam ser itens do programa de educação em valores na formação profissional.

Enquanto tal programa não é implementado, duro é chegar a um grupo organizado, instalado na normatividade conveniente ao senhor feudal, e perceber que não vale a pena ver a luz. Lucidez é ameaça. Em terra de cego, quem tem olho é cegado.

Lucidez, visão e cegueira são os ingredientes básicos deste livro, centrado no olhar. Despertar de consciência, desenvolvimento de autoconhecimento e rompimento de comportamentos considerados padrão, seja na educação, seja na empresa, impõem-se como tarefas simultaneamente urgentes e difíceis numa sociedade cada vez mais ignorante da noção de reflexão, cada vez mais distante dos valores em que deveria fundar-se e, consequentemente, cada vez menos capaz de se pôr em perspectiva, de se perceber vítima do imediatismo que instituiu como regra.

Um olhar da sociedade sobre si mesma como grupo depende de um olhar de cada ser humano sobre si mesmo como indivíduo. Sem indivíduos conscientes da própria individualidade não existe a possibilidade de consciência da alteridade, o que equivale a dizer que não existe a possibilidade "do respeito e da tolerância para com o outro". Logo, não existe a possibilidade de formação de uma sociedade consciente de que é feita de partes, que são os seres humanos, e de que é parte de um todo, que é o planeta e, em última análise, Deus.

Como diz o próprio Santarém, em palavras que dispensam paráfrase, "Não se trata de despertar e desenvolver o sentimento de religião, mas antes de cultivar a convicção de que neste imenso cosmos o ser humano se destaca pela sua capacidade única de amar e de ter a consciência de que ama e é amado e que isso o plenifica como ser e que se colocar [...] neste caminho – de amor, compaixão, solidariedade, cooperação –, permite-lhe experimentar a sabedoria que o faz transcender e superar a lógica perversa da competição, do egocentrismo, da ambição desmedida, que fragmenta e aniquila a sua dignidade primordial".

Leiam o livro todos os que, como eu, atentem para a profundidade de sua mensagem.

Heitor Chagas de Oliveira
Gerente-executivo de RH da Petrobras

1
O "olho" do problema

Viver é inapreensível; indecifrável é
a vida; inexplicável é o existir. Ainda
assim, atrevemo-nos a indagar, sem
chegar a saber as respostas.
René Deifruss

Creio que somente pessoas plenas e conscientes de si, de seus valores e de seus papéis no mundo podem contribuir para a melhoria das relações na sociedade e nas organizações a fim de obterem resultados mais significativos e promoverem o bem comum.

No entanto, os valores dominantes de nossa cultura vão em outra direção. Você sabe, o que vemos a todo momento e por todos os lados, é que a vitória parece ser sempre do mais forte, do mais rápido, do mais "esperto" e não do mais solidário e fraterno. Parece que é mais feliz aquele que mais acumula – mesmo que às custas dos outros e da destruição da natureza –, do que aquele que se compromete e se coloca a serviço do bem.

Quem nunca se deu conta do quanto é estimulado o tempo todo para o consumismo, para o individualismo e para a competição?

Desse modo, as relações humanas se tornam frágeis, superficiais, fugazes e, pior ainda, podem se tornar perversas, pois, nesse modo de vida, o outro é visto como adversário.

Assim, seguindo as regras estabelecidas pelo mercado, as instituições de ensino, transformadas em empresas, investem cada vez mais em preparar os alunos/clientes para o mercado, conforme o desejo das organizações de contratarem pessoas mais qualificadas e competitivas, como se competitividade fosse sinônimo de competência.

Mas, pense comigo: as pessoas não são competentes porque são competitivas, e sim pela capacidade que têm de entender a essência do negócio em que atuam e de responderem aos desafios que lhes são apresentados com os seus conhecimentos, habilidades, atitudes e valores.

A crise que atinge o mundo corporativo e a sociedade não é de natureza tecnológica, tampouco apenas por deficiência de profissionais qualificados, mas, sobretudo, sua origem está na questão dos valores éticos. O que pode ser comprovado pelos inúmeros escândalos que com frequência aparecem nos noticiários nacionais e internacionais.

Você também deve saber que uma das principais causas das demissões nas empresas está relacionada ao comportamento e não por deficiências de conhecimento ou falta de habilidade técnica. Até mesmo a defasagem entre a demanda existente por profissionais qualificados e a devida formação origina-se na falta de visão e entendimento da igualdade entre todos em um sistema que privilegia alguns e exclui a maioria.

Com a minha experiência como executivo de recursos humanos e consultor nessa área, posso afirmar que os problemas organizacionais abrangem o relacionamento humano e equipes de trabalho, questões de liderança, parcerias, negociações, serviço à sociedade, cuidado com meio ambiente etc. Suas múltiplas relações ultrapassam a velha questão de capital x trabalho e adquirem contornos cada vez mais amplos e complexos que podem definir ou não a perpetuidade de seus produtos e marcas. Incluem questões ontológicas, tais como: Por que e para que a organização existe? Qual é a sua missão? Como é vista por seus colaboradores, parceiros, comunidade e todos os demais que com ela se relacionam? Que contribuições e soluções ela apresenta para a sociedade? Tais respostas devem estar alicerçadas em um conjunto de crenças e valores.

Ora, se tais questões são importantes para as organizações, os profissionais que as lideram e nelas trabalham precisam saber respondê-las. Entretanto, as pessoas não são preparadas para responder tais questões, não sabem sequer responder sobre a própria missão e seus valores.

Quantas vezes me deparei com profissionais, de nível sênior, em atendimento de *coaching*, que não souberam explicitar o seu propósito de vida, além da falta de clareza com relação aos seus valores?!

Pedro foi um desses casos: gerente técnico em uma empresa de médio porte, com 34 anos de idade, graduado em engenharia e cursando uma especialização, sentia-se desmotivado com a empresa onde estava há seis anos.

A área de recursos humanos estava promovendo o desenvolvimento das lideranças com o processo de coaching *para o qual ele também tinha sido incluído.*

Nas primeiras sessões, ainda fazendo o diagnóstico e de como ele se percebia, ao provocá-lo sobre seus objetivos constatei que tinha dificuldade para defini-los. À medida que o questionava, via o seu desconforto e quando o pedi para refletir e escrever a sua mission statement, *isto é, a sua declaração de missão a partir dos seus valores, constatei como essa inconsciência estava impactando em sua vida no âmbito pessoal e profissional.*

De modo geral, nas universidades encontram-se jovens que pretendem liderar pessoas, gerir negócios e empresas e que nada sabem de si e menos ainda de suas possíveis contribuições para o mundo. A cada período chega ao mercado um contingente cada vez maior de especialistas dominados por velhos conceitos e paradigmas, visões estreitas e distorcidas que se, porventura, geram resultados financeiros para as suas instituições, não será difícil calcular os custos de tais resultados.

Por isso enfatizo que a universidade tem o papel de formar para a cidadania, de modo que os profissionais se tornem agentes de transformação. Que cidadãos estão sendo formados? Que conceito de cidadania está em vigor? Será cidadão somente quem tem poder de consumo? O que é ser "competitivo"? Ou todas as pessoas, em igual dignidade, são de fato cidadãs?

Já percebeu que, se de um lado estimula-se a competição, paradoxalmente, cada vez mais são exigidas atitudes que sejam diferencial nas relações de trabalho?

Não são competências como essas, por exemplo, que as empresas querem: trabalho em equipe, cooperação, capacidade de escuta e atendimento personalizado aos clientes, pró-atividade, além de visão mais transcendente do trabalho conduzindo as pessoas para a assunção de uma responsabilidade dita social, seja como trabalho voluntário ou na condução das ações corporativas?

Pela sua experiência, você deve ter percebido que os valores que sustentam essas atitudes não são objetos de reflexão na formação profissional que é altamente tecnicista. Ao contrário, percebe-se que o grande lema das instituições de ensino é formar para o mercado de trabalho e, assim, em vez de educar, adestra-se para competir.

Embora reconhecendo os processos de reprodução social que acontecem na escola de modo geral, é preciso enfatizar que a educação existe para construir e alcançar um ideal de vida, que é o desafio do futuro, e apoiar os educandos na definição de seus propósitos. Será que a dificuldade do Pedro que citei acima é também devida ao modelo de ensino? Penso que sim.

Porque se a educação, como um instrumento de desenvolvimento do ser humano e da sociedade, ficar submetida aos ditames do mercado e a outros interesses, desvia-se da sua função e os resultados são visíveis.

O que se constata hoje e é defendido por muitos profissionais é que a escola deve formar para o mercado. Mas, para que mercado? A que projeto de vida, a que visão de mundo, a que sociedade, a que ser humano a educação se coloca a serviço? A que ideologia a educação está servindo? Assim, não é de se estranhar que se encontre pelos caminhos muitos "educadores" atuando como agentes de uma ideologia, cujo fundamento e propósito não são o bem comum...

Como ser indiferentes à miséria de milhões de pessoas que não têm acesso à educação, à saúde, trabalho, moradia e terra para viver. São diversos os problemas documentados pelas estatísticas, vividos por seres humanos que são violentados em sua dignidade e que clamam por solidariedade. Vê-se a cada dia a destruição do ecossistema por ação do homem e a escassez de água potável atingindo níveis comprometedores, tudo isso em nome de uma ganância desmedida e de uma visão de mundo que permite usar todas as coisas e pessoas como objetos para os interesses privados.

Se, por um lado, o progresso da tecnociência apresenta uma crescente oferta de produtos e serviços que beneficiam uma parcela da população, por outro, o mesmo sistema, preocupado com a acumulação crescente do capital, gera destruição, violência, desequilíbrios na natureza, na sociedade e na vida humana.

Diante desse grave problema que afeta não só as empresas, mas, principalmente, a sociedade e o seu destino, emergem algumas reflexões, por vezes angustiantes, mas, simultaneamente, impulsionadoras no sentido de encontrar soluções para tantos problemas.

Até que ponto incluir no currículo reflexões sobre valores humanos que correspondam aos anseios do ser humano contribuiria para propiciar o autoconhecimento e o consequente enriquecimento na formação profissional?

Será se as empresas investissem no despertar da consciência de seus colaboradores em questões não apenas vinculadas ao fazer instrumental imediato, mas também relativas às dimensões afetivo-emocional e espiritual, se obteriam resultados e serviços prestados à sociedade de forma ética, solidária, cooperativa?

2
Olham, mas não veem

*Lá onde o primeiro olhar de nossa
visão não encontraria mais do que
distribuição incoerente de altitudes,
de terras e de águas, chegamos
a encontrar uma sólida rede de
relações verdadeiras, animamos a
terra comunicando-lhe algo de nossa
unidade.*

Teilhard de Chardin

Nossa sociedade não está estruturada para tratar os seres humanos como cidadãos. Antes, considera-os como objetos, seja econômico, de exploração, de manipulação e consumo, fruto de uma cultura destituidora da identidade e dos valores do ser.

O ser humano, nascido para encontrar-se como ser relacional e realizar-se no encontro existencial consigo, com os semelhantes e com o transcendente, caminha perdido, junto com uma multidão normótica, em um mundo de alta tecnologia, que se é capaz de conectar todo o planeta e transportar bilhões de dados informacionais, não tem servido para conectar os seres em uma rede maior de comunicação fraterna e solidária.

O termo normose criado por Jean-Yves Leloup, fundador da Unipaz, significa a patologia da normalidade. É a grande praga do nosso tempo porque se revela como hábito nocivo e acaba se tornando a norma do consenso, fazendo com que o indivíduo viva inerte, indiferente, conformado com todos os problemas como se fossem normais.

Quantas vezes ouvimos coisas como: "mas isso é normal", "todo mundo está fazendo" ou "isso não tem mais jeito", "a vida é assim mesmo" e coisas do gênero, quando as coisas não são bem assim...

O normótico torna-se insensível, incapaz de questionar, aliena-se e aceita a situação, porque dela se beneficia, ou vive como autômato e prefere não se mover para transformá-la ou nem tem consciência da sua própria responsabilidade. Assim, a transfere sempre para os outros isentando-se da sua participação. Cada um cuida de si, de suas próprias necessidades e em geral das imediatas e, ignorando as necessidades dos demais, extrai tudo o que se pode sem nada oferecer, até chegar o dia da completa exaustão.

Nessa cultura normótica, alguns – indivíduos e grupos –, se investem do direito de se julgarem superiores a outros e em nome dessa "supremacia" atentam contra os demais, descartando, excluindo o outro, muitas vezes visto como adversário e negando as possibilidades de realização humana, ignorando que todos somos essencialmente iguais.

Penso que se trata do aspecto mais cruel da competitividade que permite "educar" para vencer o outro, muitas vezes a qualquer preço, quando se deveria educar para ser humano e competente. Ou seja, tudo ou qualquer um que possa atrapalhar ou não se encaixa nos padrões individualistas de sucesso de algum modo deverá ser excluído. A relação interpessoal é marcada, assim, pela competição e não pela parceria e cooperação na convivência. A regra básica e perversa do jogo da vida já define previamente quem será o vencedor: o competitivo, e os que perdem são excluídos. Tal qual está organizado o jogo não existe possibilidade que outros também ganhem.

Alexandre Rangel conta uma estória interessante, que ilustra esse contexto de competição:

> Certo dia, um samurai, que era um guerreiro muito orgulhoso, foi procurar um mestre zen.
>
> Embora fosse muito famoso, ao olhar o mestre, diante de sua beleza e do encanto daquele momento, o samurai sentiu-se repentinamente inferior. Então disse ao mestre:
>
> – Por que estou me sentindo inferior? Apenas um momento atrás, tudo estava bem. Quando aqui entrei, subitamente me senti inferior, e jamais havia me sentido assim antes. Encarei a morte muitas vezes, mas nunca experimentei medo. Por que me sinto assustado agora?
>
> O mestre falou:
>
> – Espere. Quando todos tiverem partido, responderei.
>
> Durante todo o dia, pessoas chegavam para ver o mestre, e o samurai estava ficando mais e mais cansado de esperar. Ao anoitecer, quando a sala estava vazia, o samurai perguntou novamente:
>
> – Agora o senhor pode me responder por que me sinto inferior?

O mestre o levou para fora. Era uma noite de lua cheia, e a lua estava justamente surgindo no alto. Ele disse:

– Olhe para essas duas árvores, a árvore alta e a árvore pequena ao lado dela. Por anos ambas estiveram juntas perto de minha janela e nunca houve problema entre elas. A árvore menor jamais perguntou à maior: "Por que me sinto inferior diante de você?" Esta árvore é pequena e aquela é grande, esse é o fato, e nunca ouvi sussurro nenhum sobre isso.

O samurai argumentou:

– Isto se dá porque elas não podem se comparar.

E o mestre replicou:

– Então não precisa mais me perguntar. Você já sabe a resposta.

Quando você não compara, toda a inferioridade e superioridade desaparecem. Você é o que é, e simplesmente existe. Um pequeno arbusto ou uma grande e alta árvore, não importa, você é você mesmo. Uma folhinha da relva é tão necessária quanto a maior das estrelas. O canto de um pássaro é tão necessário quanto qualquer Buda, pois o mundo será menos rico se esse canto desaparecer. Simplesmente olhe à sua volta. Tudo é necessário e tudo se encaixa. É uma unidade orgânica: ninguém é mais alto ou mais baixo, ninguém é superior ou inferior. Cada um é incomparavelmente único. Você é necessário, e basta. Na natureza, tamanho não é diferença. Tudo é expressão igual da vida.

3

"Mal-olhado", mal-educado

Não façais nada por espírito de competição, por vanglória; ao contrário, levados pela humildade considerai uns aos outros como superiores, não visando cada um o próprio interesse, mas o dos outros.
Fl 2,3-4

Com um sistema de ensino mais preocupado com os resultados imediatos e em atender as demandas do mercado, perde-se a oportunidade de formar integralmente a pessoa. O ser humano visto apenas como objeto de produção e força de trabalho tem sua integridade e dignidade violentada. Ignora-se a sua dimensão espiritual e a vocação de ser gente, isto é, de ser plenamente humano.

Uma sociedade baseada na competição torna-se uma sociedade desumana, excludente, visto que em seus fundamentos está a negação do outro, o fechamento para a possibilidade de partilha, de solidariedade e de ascensão de todas as pessoas. Nesta sociedade, a felicidade é um direito restrito e o futuro da humanidade incerto. Não é isso o que vemos? Empresas e as relações de mercado definindo o modo de ser das instituições de ensino e das pessoas.

Há, penso eu, pelo menos dois modelos de educação: de um lado a que se preocupa tão somente com a formação para o trabalho, sendo essencialmente tecnicista e pragmática e que promove a exclusão e, de outro, uma educação que se preocupa em formar o cidadão, com um currículo fundamentado nos valores visando a formação do ser humano integral.

O modo de ser tecnicista reproduz o sistema com o seu pensamento linear, binário, reducionista. Sua lógica, baseada na lei do mais "forte" e na busca frenética do ter sempre mais, perpetua a normose e aguça a competição de tal modo que os seus efeitos são perceptíveis, não só na visão míope do mundo, mas no distanciamento entre as pessoas, nos relacionamentos superficiais e em todos os males que afligem a sociedade.

Tudo é cada vez mais efêmero e deste modo não se tem tempo para cultivar relacionamentos saudáveis e investir em afeto e valores para a convivência durável. Como os resultados devem ser imediatos, as relações tornam-se interesseiras e passageiras, quando não mais satisfazem é só descartar e as pessoas vão se tornando vazias.

Para se fortalecer os vínculos nos relacionamentos sociais é preciso tempo e ele é cada vez mais escasso nas organizações que são movidas pela dinâmica do curto prazo, no alto índice de *turnover* e rápidas mudanças de atividades, impedindo ou dificultando a consolidação dos laços. Assim, a lealdade e a confiança mútuas estão desaparecendo nas instituições e as formas passageiras de relacionamento tornam-se mais interessantes e úteis a esse tipo de organização social. Como *time is money*, ninguém quer perder. Em nome desse contravalor perde-se o senso do valor da vida e das relações interpessoais.

Todos os grandes problemas da humanidade exigem uma tomada de posição na busca de soluções e a visão de mundo e o modelo pedagógico podem ser uma das soluções.

No entanto, ainda se percebe que o modelo vigente é a melhor via de desenvolvimento econômico-social, mesmo que isso seja através de uma ética utilitarista e individualista e que, por ela, uma multidão seja excluída, aumentando a desigualdade social e justificando o comportamento pelo qual os vencedores assim o são devido aos seus esforços e qualificações.

A educação, a serviço deste ideário, corrobora para a sua manutenção, quando pretende educar para a competitividade, reforçando tais conceitos e não permitindo que milhares de outras pessoas também tenham acesso às mesmas condições.

Ideologicamente a responsabilidade pelo desenvolvimento da empregabilidade está sendo transferida para os indivíduos que têm o dever de adquirir competências a fim de que se tornem competitivos e empregáveis. Mas, como transferir para os indivíduos esta responsabilidade se não são oferecidas oportunidades de trabalho? Como transferir este encargo se faltam orientação, discernimento, formação adequada e estrutura de apoio nas instituições de ensino e na sociedade para o grande contingente de profissionais que todos os dias chegam ao mercado?

O modelo dominante estimula a perpetuação do espetáculo no qual o que importa é não somente "ter", mas chega ao cúmulo do "parecer ter", levando a grande massa de excluídos a buscar uma identificação com quem tem ou parece ter e assim viver de aparências e alienados sem se reconhecerem como sujeitos e agentes de transformação.

Como os estudantes não aprendem a pensar nem desenvolvem consciência crítica; como não lhes são proporcionadas possibilidades de autoconhecimento nem uma visão holística da vida e do mundo, deixam de ser sujeitos para serem vistos como objetos – receptáculos para os conteúdos previamente definidos.

Como nessa história do poeta Rumi contada por Walmir Cedotti:

> *Aconteceu que esse homem foi à casa de Rumi, que lhe deu as boas-vindas, como era o seu costume. Rumi estava trabalhando num manuscrito, e a primeira coisa que Shams-e-Tabriz fez foi jogar fora esse manuscrito. Rumi olhou para ele perplexo. Shamz-e-Tabriz disse:*
>
> *– Você já não teve leitura e estudo suficientes? Agora estude a vida em vez de um livro.*
>
> *Rumi ouviu respeitosamente as palavras de Shamz-e-Tabriz, que disse:*
>
> *– Todas as coisas que parecem importantes, o que elas serão no dia em que você partir? O que é distinção, o que é poder, o que é posição? Um problema muito maior é aquele que o acompanhará, pois a solução desse problema o levará para a eternidade. Os problemas desse mundo você poderá resolvê-los sempre e, não obstante, eles nunca terminam.*
>
> *E prosseguiu:*

– O que você entendeu a respeito de Deus, a respeito do homem? Que relação você descobriu entre o homem e Deus? Se você adora Deus, por que o adora? O que é limitação, o que é perfeição? E como podemos procurar por isso?

Depois dessa conversa, Rumi compreendeu que aquilo que conta não é aprender, mas, sim, viver o conhecimento. Pois ele tinha lido muito, e tinha pensado muito: porém, de súbito, percebeu que o importante não é dizer, mas ser. Quando compreendeu isso, e depois que Shamz-e-Tabriz o deixou, ele escreveu um verso: "O Rei da terra e do céu, de quem as pessoas falam, eu vi hoje sob a forma de um homem".

Pois ele viu como o coração do homem pode ser grande, quão profundamente pode ser tocada a alma do homem, e quão alto o espírito do homem pode subir. Rumi foi tocado pela autoridade. Ele buscava o conhecimento e o conhecimento estava dentro dele.

Essa é uma história real. Shamz-e-Tabriz foi seguido por Rumi, que virou seu discípulo e talvez tenha descoberto sua potencialidade, pois se tornou o mais prestigiado poeta da Pérsia.

A autoridade pode estar no mais profundo desejo de vermos a potencialidade do outro, apoiando-o para que a reconheça em si mesmo.

É verdade que o paradigma analítico proporcionou grandes avanços através das especializações, mas também é verdade que o pagamos um preço muito alto. Com esta visão não aprendemos a juntar os saberes, a contextualizar, a integrar e, ao compartimentar, perdemos a visão do todo, o que nos empobrece.

Porque se entende que o desenvolvimento se refere exclusivamente ao aspecto material, a afetividade e a espiritualidade são negligenciadas e não se sabe sequer conectar a intelectualidade àquelas dimensões. E porque o aspecto econômico é privilegiado, os valores éticos que fundamentam o convívio humano e as relações de trabalho são desprezados, gerando a exploração, a opressão e a injustiça.

Assim, somos todos menos humanos porque não somos inteiros. Não nos responsabilizamos pelo todo porque nos julgamos responsáveis apenas por uma parte, não exercemos a cidadania global e destruímos o meio ambiente porque vivemos a "ilusão da separatividade".

Foi assim que Pierre Weil denominou essa atitude gerada pela falta de consciência de que não há relação entre o ser humano e o universo; e não compartilhamos e não nos solidarizamos com os grandes problemas da humanidade porque vivemos só o particular como se nada nos afetasse e assim vivemos cada vez mais atrofiados, irreflexivos e com visão míope e restrita ao que somente interessa ao indivíduo; assim caminhamos até que a insustentabilidade deste modelo provoque a transformação necessária ou cheguemos ao fim.

4
A extensão do "mal-olhado"

*Somos uma gota no oceano; o que
quer que aconteça com o oceano,
acontecerá com a gota; o que quer
que aconteça com a gota, acontecerá
com o oceano.*

Paramahansa Yogananda

Não sei se você já percebeu que de forma avassaladora busca-se uniformizar e homogeneizar o mundo, desrespeitando as culturas locais, dificultando o nascimento e desenvolvimento da consciência de uma verdadeira cidadania global. Do mesmo modo, pretende-se uniformizar padrões de consumo e um determinado tipo de cultura que se arvora como superior.

Quando analisou a questão da globalização, Milton Santos a considerou como um processo perverso, porque as suas bases ideológicas estão definindo um novo *ethos* que influencia o caráter das pessoas. Tal ideologia vai minando todos os conceitos e princípios éticos que a humanidade vem desenvolvendo ao logo de sua história.

Aos poucos, para responder aos apelos do mercado e se tornar competitivo, o indivíduo, muitas vezes sem se dar conta, perde o sentido da "con-vivência", do respeito aos direitos fundamentais do outro, da solidariedade como única via de realização e transformação social e da "co-operação" para o bem comum.

O indivíduo massificado e atropelado por uma enxurrada de opiniões contraditórias expressas por uma profusão de imagens fica perdido e sem visão de valores que lhe permita ser sujeito de sua própria história.

Em meio à turbulência, se se propõe a refletir sobre valores que deem sentido à sua vida, pode ser ridicularizado e deixará ruir o mínimo de princípios éticos e morais que lhe resta. Instado a investir tudo para ser vencedor, utiliza todos os recursos para atingir os seus objetivos, mesmo que tenha que também atropelar os outros, ainda que isso lhe traga inimizades, discórdias e conflitos.

Percebemos, com profundo pesar, que o bem perde a sua força diante da propagação explícita ou subliminar da pornografia, da praga da corrupção e assim todos os princípios éticos que a humanidade desenvolveu parecem se esvair pelo ralo.

Ao ter o seu caráter corroído pelos vermes do individualismo, da competição e do consumismo, o ser humano deixa de ser humano.

Assim o comportamento centrado no ego se amplia para grupos, empresas, países etc. que também se comportam com base nos próprios interesses e defendem uma ética utilitarista, imediatista e muitas vezes camuflada com gestos solidários pragmáticos e individualistas. O que vale é a esperteza e dela deriva a corrupção; deprecia-se a moralidade e a alienação gera o descompromisso com o bem público, com a polis e a política, com a vida humana e do planeta. O adágio cada um por si e Deus por todos se multiplica como valor até nas religiões, como se Deus cuidasse de quem não sabe cuidar e se fazer um com o outro. O individualismo não aceita sequer a dependência em situações pessoais mais difíceis na vida, prefere a autoajuda.

Ao comportar-se em conformidade com os contravalores que lhe são impostos, através de uma grande cadeia de (in)formação, o indivíduo, já sem a consciência crítica necessária para discernir e ser sujeito, torna-se objeto de manipulação e vai sendo formado a partir dos interesses daqueles que detêm o poder.

Ao (in)formar, enforma, coloca-se na forma que se convém e não se educa para ser sujeito e cidadão. Esqueceu-se que compete à educação desenformar, extrair da "fôrma" a forma humana, a essência do ser e facilitar para que cada um encontre o seu lugar no mundo.

Deixa ilustrar o que quero dizer com essa estória contada por Yehuda Berg:

> *Um homem acorda de manhã e decide ir pescar. Vai ao cais, senta, pega a vara de pescar e a joga na água. Não muito longe, outro pescador parece estar conseguindo fisgar muitos peixes, os quais mede com uma régua. Depois de medi-los, ele joga alguns de volta na água e guarda outros. Após observar por algum tempo o comportamento desse segundo pescador, o primeiro se aproxima dele e pergunta:*

– O que está acontecendo? Por que você está jogando alguns peixes de volta e guardando outros? O que você está querendo com isso?

O segundo pescador responde:

– Eu tenho uma panela de trinta centímetros em minha casa. Eu só fico com os peixes que medem menos de trinta centímetros. Os peixes maiores, que não cabem na minha panela, eu jogo fora.

Da mesma maneira que o segundo pescador, nós limitamos a nós mesmos sem nos dar conta disso. Ficamos tentando fazer com que a infinita abundância do universo caiba em nossa pequena panela. O universo quer nos dar tudo, mas não conseguimos receber tudo o que está disponível para nós. O que aconteceria se expandíssemos nosso recipiente em vez de colocar limites em nossa abundância?

De um modo ou de outro é isso o que acontece: limitamos a nós mesmos ou somos limitados pelo sistema que nos impede de sermos mais, porque achamos que "a nossa panela só cabe peixes de 30 centímetros" ou assim nos fizeram acreditar.

Ao transpor as fronteiras dos países e se pretender que o planeta se uniformize, a globalização apresenta alguns desafios à educação, ou tensões a ultrapassar, conforme denomina Delors: desafio de se tornar cidadão do mundo sem perder as próprias raízes, é a tensão entre o global e o local que, por sua vez, remete à tensão entre o universal e o singular, gerando o conflito entre a modernidade e a tradição, exigindo mais adaptação e simultaneamente senso crítico.

Em uma sociedade onde o excesso e a velocidade da informação determinam uma concentração maior sobre os problemas imediatos, há de se superar a tensão entre curto e longo prazos, assim como há de se buscar caminhos para que a competição não se torne tão cruel a ponto de impedir que todos tenham oportunidades para se realizar.

São grandes os desafios e profundas as tensões, e entre tantas se destaca a tensão entre o espiritual e o material, na qual o ser humano é chamado a encontrar o seu equilíbrio, consigo mesmo e com o meio ambiente, de conceber-se como sujeito com identidade e valores em processo evolutivo, mas inserido em uma sociedade plural que exige respeito à diversidade, para que o desenvolvimento humano também seja globalizado, uma vez que o que está em jogo é a vida na Terra.

A globalização do mercado e das tecnologias e a planetarização das questões ambientais deveriam também estar acompanhadas por uma consciência moral e política à altura do que está em jogo. Como diz Edgar Morin: *quanto mais tomamos consciência de que estamos perdidos no universo e mergulhados numa aventura desconhecida mais temos necessidade de nos religarmos com os nossos irmãos e irmãs da humanidade.*

O crescimento econômico e o desenvolvimento social devem estar centrados no ser humano e na sua casa comum, do contrário não se poderá falar em sustentabilidade e tampouco em desenvolvimento. É o que tem profetizado há tempos o teólogo Leonardo Boff.

Marcos Arruda questiona se este modelo de globalização é o único caminho da humanidade ou se não é possível estabelecer outras bases, onde prevaleça o espírito cooperativo e solidário, de modo que a primazia do ser humano e do trabalho realmente seja estabelecida e a justiça conduza a partilha do saber e da riqueza.

A questão da globalização nos remete para o multiculturalismo, que abrange questões relativas a etnia, gênero, credo, relações com o diferente e que exige novos comportamentos, trazendo outras interconexões sociais e políticas. Nestes tempos turbulentos e de transformação em todos os cenários, em que as relações humanas cruzam fronteiras e que, de certo modo, todos somos quase que forçados a conviver com outras culturas, é fundamental relacionar a educação com a cidadania global e multicultural, além da democracia.

Para que de fato haja democracia é preciso que haja pessoas livres, maduras, conscientes de si mesmas, capazes de fazer os seus próprios juízos de valor e governarem-se antes a si mesmas para poderem ajudar a governar. Se é assim, onde ela deve começar senão nos espaços de educação?

Uma vez que a efetiva participação contribui para formar uma personalidade democrática, há de se perguntar quando se exercita a democracia nas escolas e universidades, se a arrogância do saber de alguns é imposta e sequer a escuta é praticada. Que espécie de cidadania é estimulada, experimentada e promovida nas instituições de ensino e em todos os demais espaços de educação, se sequer se tem consciência dos próprios direitos? Em quais desses espaços são praticados e fomentados o respeito, o diálogo e a tolerância ao diferente, para que mais tarde os profissionais também ser tornem arautos desses valores? Se a política é uma dimensão importantíssima do ser humano, pois o compromete com o desenvolvimento do coletivo, do social e do bem comum e se se pretende que cada cidadão se coloque como um servidor da sociedade, um agente de transformação, de que modo essa consciência deve ser desenvolvida?

Quem sabe, se aprendermos com os nossos povos, poderíamos reverter o quadro? Daniel Munduruku, líder indígena, premiado escritor e doutor em educação, conta o seguinte:

Meu avô costumava dizer que tudo está interligado entre si e que nada escapa da trama da vida.

Ele costumava me levar para uma abertura da floresta e deitava-se sob o céu e apontava para os pássaros em pleno voo e nos dizia que eles escreviam uma mensagem para nós.

– Nenhum pássaro voa em vão. Eles trazem sempre uma mensagem do lugar onde todos nos encontraremos –, dizia ele num tom de simplicidade, a simplicidade dos sábios.

Outras vezes nos colocava em contato com as estrelas e nos contava a origem delas, suas histórias. Fazia isso apontando para elas como um maestro que comanda uma orquestra. Confesso que não entendia direito o que ele queria nos dizer, mas o acompanhava para todos os lugares só para ouvir a poesia presente em sua maneira simples de nos falar da vida. Numa certa ocasião disse que cada coisa criada está em sintonia com o criador e que cada ser da natureza, inclusive o homem, precisa compreender que seu lugar na natureza não é ser o senhor, mas um parceiro, alguém que tem a missão de manter o mundo equilibrado, em perfeita harmonia para que o mundo nunca despenque de seu lugar.

– Enquanto houver um único pajé sacudindo seu maracá, haverá sempre a certeza de que o mundo estará salvo da destruição –, assim nos falava nosso velho avô como se fôssemos – eu e meus irmãos, primos e amigos – capazes de entender a força de suas palavras.

Só bem mais tarde, homem adulto, conhecedor de muitas outras culturas, pude começar a compreender a enormidade daquele conhecimento saído da boca de um velho que nunca tinha sequer visitado a cidade ao longo de seus mais de 80 anos.

Percebi, então, que meu avô era um homem com uma visão muito ampla da realidade e que nós éramos privilegiados por termos convivido com ele. Estas lembranças sempre me vêm à mente quando penso na diversidade, na diferença étnica e social. Penso nisso e me deparo com a compreensão de mundo dos povos tradicionais. É uma concepção onde tudo está em harmonia com tudo; tudo está em tudo e cada um é responsável por esta harmonia. É uma concepção que não exclui nada e não dá toda importância a um único elemento, pois todos são passageiros de uma mesma realidade, são, portanto, iguais. No entanto, não se pode pensar que esta igualdade signifique uniformidade. Todos estes elementos são diferentes entre si, têm uma personalidade própria, uma identidade própria.

Através de minhas leituras e viagens fui compreendendo, aos poucos, aquilo que o meu avô dizia sobre a sabedoria que existe em cada um e todos os seres do planeta. Descobri que não pre-

cisa ser xamã ou pajé para chacoalhar o maracá, basta colocar-se na atitude harmônica com o todo, como se estivéssemos seguindo o fluxo do rio, que não tem pressa... mas sabe aonde quer chegar. Foi assim que descobri os sábios orientais; os monges cristãos; as freiras de Madre Teresa; os muçulmanos; os evangélicos sérios; os pajés da Sibéria, dos Estados Unidos, os Ainu do Japão, os Pigmeus; os educadores e mestres... descobri que todas estas pessoas, em qualquer parte do mundo, praticando suas ações buscando o equilíbrio do universo, estão batendo seu maracá. Entendi, então, a lógica da teia. Entendi que cada um dos elementos vivos segura uma ponta do fio da vida e o que fere, machuca a Terra, machuca também a todos nós, os filhos da Terra. Foi aí que entendi que a diversidade dos povos, das etnias, das raças, dos pensamentos é imprescindível para colorir a Teia, do mesmo modo que é preciso o sol e a água para dar forma ao arco-íris.

5
"De olho" no mercado

Ao assistires à retirada dos andaimes, admire a obra, mas peça pelos andaimes. Porque é duro servir de sustentação à obra e na hora da festa ser tratado como entulho.

Dom Helder Camara

A questão, assim posta, faz pensar que educar é formar consciência crítica que possibilite às pessoas superarem as injustiças e, organizadas, cooperarem para construir organizações, sociedades, enfim, um mundo mais justo e fraterno, onde todos tenham voz e vez; onde, mesmo na diversidade de interesses e de culturas, encontrem no bem comum uma luz para guiar a conduta humana e dirigir as políticas organizacionais e governamentais.

As lideranças empresariais e políticas, quando não assumem a sua responsabilidade pelo desenvolvimento e pela total interdependência de todas as coisas, podem levar (e levam) uma sociedade inteira e o mundo para o caos. A deterioração do meio ambiente, a pobreza e miséria, os desperdícios e a corrupção estão minando a esperança de um futuro melhor e ameaçando a vida na Terra.

Há um clamor por mudanças que brota do seio da Terra e da população e estas mudanças envolvem transformação pessoal e estrutural e requerem uma conversão, isto é, uma mudança de consciência: sair do interesse próprio em direção ao interesse coletivo.

Nos últimos séculos a ênfase esteve no desenvolvimento material e todo o comportamento humano e organizacional esteve dirigido para atingir a este propósito. As funções gerenciais planejamento, organização, direção e controle, assim como muitas outras competências consideradas importantes são derivadas de uma visão de mundo cujos fundamentos remontam ao século XVIII.

Hoje, há um movimento no sentido de valorizar a dimensão emocional e espiritual nas organizações e na sociedade. As pessoas querem trabalhar em organizações que as valorizem integralmente, onde elas possam exercitar suas competências e desenvolver suas potencialidades. Todos querem encontrar significado em seu trabalho; quando não encontram, a vida também perde o significado, assim há muitos anos já afirmava Maslow.

No entanto, a formação profissional insiste em privilegiar o aspecto cognitivo, racional, negligenciando o desenvolvimento das dimensões emocional e espiritual, que sustentam a capacidade de conviver, de respeitar a diversidade, de cooperar, de inovar, intuir e admirar-se diante da beleza, da solidariedade e encantar-se com o que realmente alimenta e fascina a alma humana.

Ao investir somente em um aspecto, pretendendo capacitar trabalhadores para o mercado e não no desenvolvimento do caráter e de cidadãos, o ensino deixa de cumprir a sua missão e sequer atende ao mercado que, vivendo em transformação ininterrupta, não consegue acolher os profissionais, uma vez que a formação está sempre defasada.

A crise está relacionada à forma desigual com que a sociedade está organizada, privilegiando uma minoria que tem acesso ao ter, ao saber e ao poder e excluindo a grande maioria. Ao tratar da relação entre trabalho e educação, Frigotto afirma que cada vez mais a compreensão do processo educativo e da qualificação está se desvinculando da dimensão ontológica do trabalho, reduzindo-se meramente ao economicismo do emprego e da empregabilidade.

Se o investimento no "capital humano" não favoreceu o desenvolvimento integral dos países e dos cidadãos, ao contrário, aguçou a desigualdade social e o distanciamento entre os hemisférios, tampouco a ótica da empregabilidade poderá favorecer, já que se vive uma crise estrutural de desemprego. Qual o impacto na vida do indivíduo, quando há tanto esforço pessoal e não há contrapartida em termos de políticas de desenvolvimento capazes de gerar oportunidades de trabalho? Não há nisso tudo uma dimensão cruel que acaba por aniquilar o ser humano, fazendo-o crer que, se não consegue trabalhar, é devido à sua própria incompetência?

Quando se relaciona educação e trabalho apenas em termos de qualificação de competências e saberes técnicos esperados pelo mercado, reduz-se o ser humano a uma categoria e esta não contempla a dignidade do trabalhador. Ele é descartável à medida que o saber adquirido não corresponde mais ao requerido pelo mercado. Ignora-se que não foram proporcionadas as condições e oportunidades para o desenvolvimento correspondente para todos.

Pela lógica do mercado é possível e melhor explorar os recursos, inclusive os seres humanos transformados também em recursos, e descartá-los depois de esgotados, do que perder o capital. Não é o que o Papa Francisco tem denunciado? Em sua Encíclica *Laudate Si'* é contundente:

> *O paradigma tecnocrático tende a exercer o seu domínio também sobre a economia e a política. A economia assume todo o desenvolvimento tecnológico em função do lucro, sem prestar atenção a eventuais consequências negativas para o ser humano. A finança sufoca a economia real. Não se aprendeu a lição da crise financeira mundial e, muito lentamente, se aprende a lição do deterioramento ambiental. Em alguns círculos defende-se que a economia atual e a tecnologia resolverão todos os problemas ambientais, do mesmo modo que se afirma, com linguagens não acadêmicas, que os problemas da fome e da miséria no mundo serão resolvidos simplesmente com o crescimento do mercado. [...] Mas o mercado, por si mesmo, não garante o desenvolvimento humano integral nem a inclusão social. Entretanto, temos um "superdesenvolvimento dissipador e consumista que contrasta, de modo inadmissível, com perduráveis situações de miséria desumanizadora", mas não se criam, de forma suficientemente rápida, instituições econômicas e programas sociais que permitam aos mais pobres terem regularmente acesso aos recursos básicos.*

A relação educação-trabalho abrange não só a qualificação profissional, mas também os vínculos entre o trabalho e a cultura, os saberes e a transformação social e histórica, a formação intelectual e moral de modo que o ser humano seja realmente humano, livre e autônomo. Tendo em vista essa amplitude, é preciso sair do trilho do pensamento binário e linear para percorrer outras trilhas, incertas como são as trilhas, mas que permitem a cada um fazer o próprio caminho e conhecer o mundo a ser percorrido, em uma caminhada comunitária e solidária, porque todos somos caminheiros a fazer o mesmo percurso.

Uma sociedade que responda aos anseios humanos somente poderá ser concretizada se os seus fundamentos estiverem também ancorados em uma educação que tenha uma dimensão holística.

Para Gutierrez o desenvolvimento sustentável tão preconizado e ansiado requer quatro condições básicas:

- ser economicamente factível;
- ecologicamente apropriado;
- socialmente justo;
- culturalmente equitativo.

Para realizá-lo, porém, há de se considerar as seguintes chaves pedagógicas:

- Promoção da vida: é essencial desenvolver o sentido da existência, ampliando a percepção e sensibilizando para que a vida seja sempre considerada o bem maior.
- Equilíbrio dinâmico: frente aos desequilíbrios que afetam todas as dimensões da vida, há de se desenvolver a

sensibilidade social, de modo que o desenvolvimento econômico preserve os ecossistemas.

• Congruência harmônica: que integra o ser humano à dimensão planetária, conscientizando-o que é apenas mais um ser – embora privilegiado –, e nele desenvolva a ternura, a capacidade de deslumbrar-se e a fraternidade universal.

• Ética integral: como um conjunto de valores que inclui a consciência ecológica, é o que dá sentido ao equilíbrio dinâmico e à congruência harmônica e que desenvolve a capacidade de autorrealização.

• Racionalidade intuitiva: que desenvolve a capacidade de atuar como um ser humano integral, não privilegiando somente a racionalidade, mas inclui a intuição, a afetividade e a subjetividade.

• Consciência planetária: que desenvolve a solidariedade a partir da consciência que o planeta é uma casa comum a ser compartilhada por todos os seus habitantes.

Construir a nova sociedade é o grande desafio da humanidade e esta será nova somente quando todos encontrarem significado para as suas vidas. E a primeira exigência é que o ser humano seja humano, porque, do contrário, simplesmente deixará de ser e de existir. Se não reconduzirmos as nossas vidas por outro caminho, pela vida dos valores humanos essenciais, caminharemos cada vez mais rápido para o fim.

Dalai-Lama alerta, porém:

> *Isso não quer dizer que basta cultivar valores espirituais para que os problemas desapareçam automaticamente. Pelo contrário, cada um de-*

> *les necessita de uma solução específica. Quando a dimensão espiritual é negligenciada, porém, não há esperança de se conseguir uma solução duradoura.*

Queremos uma educação que ajude o ser humano a encontrar-se e assim seja feliz, como nessa fábula contada por Werner Schwanfelder:

> *Era uma vez um talhador de pedras. Ele aborrecia-se dia após dia com o imperador da China. Ele jogava os impostos para cima e tratava cada um que não fosse seu igual como sujeira. O talhador de pedras não ganhava muito dinheiro com seu trabalho. Por isso, ele não tinha muito dinheiro para si mesmo.*
>
> *Um dia ele desejou ser mais poderoso do que o imperador. Para ele, esse desejo deveria se realizar. Ele tornou-se o sol, que era mais poderoso do que o imperador. Porém, havia algo que era ainda mais poderoso do que o sol: as nuvens. Elas tomavam do sol a luz. Assim, ele tornou-se nuvem. Havia, porém, algo que era ainda mais poderoso: o vento. Ele consegue expulsar as nuvens. O vento, porém, não era tão poderoso como a pedra. Ela resiste ao vento. A única coisa que era mais forte do que uma pedra era um talhador de pedras. Ele consegue quebrar a pedra em pedaços.*
>
> *E, assim, o escultor de pedras tornou-se de novo o que ele era. Com uma pequena diferença: ele estava feliz.*

6

Uma "re-visão" do olhar
O paradigma da complexidade

> *Mudar o mundo é mudar o olhar. Do olhar que estreita e subtrai, para o olhar que amplia e engrandece.*
> *Do olhar que julga e condena, para o olhar que compreende e perdoa.*
> *Do olhar que teme e se esquiva, para o olhar que confia e atreve. Do olhar que separa e exclui, para o olhar que acolhe e religa. Todos os olhares num só Olhar.*
>
> Roberto Crema

Ao debruçar-me sobre a questão da ausência da educação em valores, procurei analisá-la à luz de um novo paradigma que pudesse explicar a questão e, simultaneamente, apresentasse caminhos pedagógicos que viabilizassem a formação de um novo ser humano, com vistas a uma nova sociedade.

É incontestável que o núcleo da crise que vivemos é de ordem paradigmática e ética. Somente transformando os nossos modelos mentais e revisando os valores vigentes em nossa sociedade poderemos transpor essa fase crítica. Se quisermos outra sociedade, precisaremos mudar nossas crenças, a nossa maneira de ver e de viver.

Para elucidar o conceito de paradigma, recorri a Edgar Morin que o estabelece como um processo inconsciente a irrigar e controlar o pensamento consciente. Nesse sentido, pode tanto elucidar como cegar, revelar ou ocultar, porque são como uma espécie de filtro que inconscientemente comanda nossos propósitos e comportamentos.

Desse modo, creio que a proposta do paradigma da complexidade sistematizado por ele amplia o nosso olhar possibilitando enxergar o que o paradigma da simplicidade obstruiu.

E por que obstruiu dificultando a visão? Esse paradigma ainda vigente se propõe a ordenar todas as coisas segundo a lei de causa e efeito, com base na visão analítico-mecanicista desenvolvida por Isaac Newton e René Descartes, e a entender o universo de modo fragmentado e reducionista. Quando assim o faz, simplifica de tal modo a visão de mundo que dele expulsa toda a multiplicidade e desordem existentes, separando o que está ligado (disjunção) e pretendendo unificar o que está disperso (redução).

Embora tenha proporcionado grandes avanços para a tecnociência através do processo analítico-fragmentador para se entender os fenômenos de cada parte constituinte do todo, ele também proporcionou a crise hoje instalada por não permitir ver a conexão de todas as coisas, a presença do todo em cada parte e a presença do caos na ordem, em um contínuo movimento de transformação.

A vida foi fragmentada em compartimentos estanques, independentes e de tal modo que, entre outros aspectos, acarretou, na esfera econômica, o desequilíbrio e a devastação ecológica e na esfera social as pessoas vivem separadas umas das outras e cada pessoa, em si mesma, vive a dicotomia mente e coração, matéria e espírito, vida pessoal e profissional, sujeitando-se a uma visão materialista e consumista que privilegia o ter e o prazer. A fragmentação é tamanha que o ser humano foi desintegrado. E, se foi desintegrado, o que é o homem? Qual é o seu lugar, o seu destino e qual o sentido de sua vida?

No campo do conhecimento vivemos um tempo de superespecializações que se torna impossível saber o que se passa na própria área e profissão. Como afirmou Bernard Shaw, o especialista é uma pessoa que sabe cada vez mais sobre cada vez menos.

Esta fragmentação transparece nas escolas e empresas em sua organização compartimentada e hierarquizada, nas disciplinas e áreas que não se conectam, nas lições e decisões isoladas que não entendem a interdependência mútua e entre elas e a realidade.

Provoca e agrava a crescente iniquidade entre pessoas, grupos, organizações e países, à medida que o saber fragmentado conduz a um pretenso poder de quem o detém e faz perder, cada vez mais, a visão holística e as interconexões de suas partes. Como disse Ubiratan D'Ambrosio: *a atual proliferação das disciplinas e especialidades acadêmicas e não acadêmicas conduz a um crescimento incontestável do poder associado a detentores desses conhecimentos fragmentados.*

As descobertas das ciências, especialmente da biologia e física quântica, demonstrando a presença da desordem no universo físico e que neste mesmo universo as coisas se organizam, se complexificam e se desenvolvem, permitiram concluir que onde se pensava existir dicotomia ordem/desordem, havia, na verdade, um processo de cooperação para a organização.

Essa constatação implica aceitar a contradição existente no mundo e nas organizações: há harmonia na desarmonia e vice-versa, conforme afirmava Heráclito. Ora, aceitar a contradição significa mudar todo o comportamento e transformar a visão de mundo existente abrindo-se para outras perspectivas e possibilidades frente aos fenômenos humanos e universais.

Complexidade, do latim *complexus*, orienta o novo olhar: a interdependência de tudo que forma uma unidade. Como afirmou Blaise Pascal: *é impossível conhecer as partes sem conhecer o todo, como é impossível conhecer o todo sem conhecer particularmente as partes.* Ao contrário do paradigma analítico que preconizava que para conhecer o todo é preciso dividi-lo em partes, o novo paradigma nos faz ver muitos elementos que são interdependentes e participam cada qual como partes do todo.

A unidade complexa não se reduz à soma das partes que a constitui, o todo é maior que a soma das partes porque cada parte em contato com as outras modifica a si mesma e também o todo. Assim, o pensamento complexo amplia a visão, amplia o saber e possibilita tomar consciência dos próprios limites, uma vez que o processo está sempre em expansão de forma inesgotável. O nosso olhar determina o nosso caminhar e define as nossas ações.

Eis por que o próprio Morin coloca a complexidade como desafio, pois exige:

- reunir acontecimentos, elementos, enfim a informação ao seu contexto;
- reunir o parcial ao global e ligar o global ao parcial;
- reunir o um ao múltiplo, o universal ao singular, a autonomia à dependência;
- reunir a ordem, a desordem e a organização reconhecendo seus antagonismos;
- reunir o separado e o inseparável, o descontínuo e o contínuo, o indivíduo à espécie, o indivíduo à sociedade;
- reunir aquilo que é antagônico ou contraditório para que se tornem complementares;
- reunir a lógica com o que ultrapassa a lógica;
- reunir a observação ao observador, a concepção ao conceituador, o conhecimento ao conhecedor;
- restituir as relações, as interdependências, as articulações, as solidariedades e totalidades.

O paradigma da complexidade faz compreender o ser humano de maneira singular, dotado de autonomia, capaz de auto-organizar-se e ser sujeito e ao mesmo tempo dependente do mundo exterior, da sociedade, dos grupos com quem interage. Desse modo o indivíduo se distingue de todos os demais seres, pois é sujeito com capacidade reflexiva e consciência para fazer suas escolhas baseadas em valores que o dignifiquem.

Ora, de que outra maneira pode-se esperar uma tomada de consciência do ser humano-sujeito senão através da educação? E que educação, senão aquela capaz de fazê-lo compreender-se a si mesmo, a humanidade e todos os demais fenômenos em uma outra ótica? Que pedagogia, senão aquela que possa humanizá-lo e ajudá-lo a compreender criticamente a história?

Trata-se, portanto, de mudar o paradigma e a postura diante dessa compreensão simplificada, linear, binária do mundo e favorecer a renovação e transformação do ser de mero objeto para sujeito da história. Para contribuir com este processo, a educação precisa ser transdisciplinar, ou seja, as disciplinas não só devem se comunicar entre si, mas se articularem de modo a superarem toda e qualquer fronteira que as limite e as isole em seus territórios.

O conceito de autonomia humana também é complexo, uma vez que todo ser é dependente de condições culturais e sociais. Por isso Morin afirma que não se poderia compreender a complexidade humana sem associá-la aos elementos que a constituem, o que implica dizer que todo desenvolvimento humano significa também o desenvolvimento conjunto das autonomias individuais, das participações na vida comunitária e da consciência e do sentimento de que pertence à espécie humana.

Remete, ainda, ao sentido da solidariedade e do caráter multidimensional de todas as coisas, uma vez que tudo está ligado a tudo, nenhuma realidade pode ser compreendida unidimensionalmente.

Há três princípios básicos para se compreender a complexidade:

• Princípio dialógico: é possível dialogar e colaborar com o que aparece como contraditório, e antagônico. Assim, entende-se o fenômeno da dualidade no seio da unidade, da ordem no caos e vice-versa.

• Recursão organizacional: entende-se como processo recursivo como aquele em que os produtos e os efeitos são ao mesmo tempo causas e produtores daquilo que os produziu. Este princípio causa uma ruptura na ideia linear de causa-efeito, já que tudo que é produzido volta sobre o que produziu em um ciclo auto-organizador e autoprodutor.

• Princípio hologramático: refere-se ao holograma onde qualquer parte, por menor que seja, contém todas as informações do todo, ou seja, não apenas a parte está no todo, mas o todo está na parte. Este princípio está presente no mundo social e biológico e imobiliza o espírito linear e simplificador.

Tomar consciência destes princípios norteadores da complexidade torna-se fundamental para melhor entender o ser humano e a humanidade, os fenômenos sociais de modo geral e as possibilidades que este paradigma nos abre sob diversos aspectos.

O novo paradigma deve ser a luz a iluminar todas as áreas do saber e ação humana. Como diz o físico Fritjof Capra:

> Os problemas mais importantes de nossa época não podem ser entendidos isoladamente. Qual-

quer que seja o problema – a destruição do meio ambiente, o crescimento da população, a persistência da pobreza e da fome em todo o mundo, a ameaça da guerra nuclear, para citar só alguns – ele tem de ser percebido como algo que está ligado aos outros. Para resolver qualquer problema isolado, precisamos de um pensamento sistêmico, pois todos esses são problemas sistêmicos, interligados e interdependentes. Esse é um dos aspectos das profundas implicações do pensamento do novo paradigma na sociedade e na política.

Em administração, Peter Senge, em sua obra *A quinta disciplina*, chama-nos a atenção sobre o poder do pensamento sistêmico:

As empresas e os outros feitos humanos são sistemas. Estão igualmente conectados por fios invisíveis de ações inter-relacionados, que muitas vezes levam anos para manifestar seus efeitos umas sobre as outras. Como nós mesmos fazemos parte deste tecido, é duplamente difícil ver o padrão de mudança como um todo. Ao contrário, tendemos a nos concentrar em fotografias de partes isoladas do sistema, perguntando-nos por que nossos problemas mais profundos parecem nunca resolver. [...] Se perdermos a capacidade de conversar uns com os outros, perderemos a capacidade de governar a nós mesmos. Só mudando nossa forma de pensar é que podemos modificar políticas e práticas profundamente enraizadas. Só mudando nossa forma de interagir poderemos estabelecer visões e compreensões compartilhadas e novas capacidades de ação coordenada.

Adam Kahane, com longa experiência no mundo corporativo e atuando como facilitador na resolução de problemas altamente complexos, como o fim do *apartheid* na África do Sul, analisando os problemas complexos, explica que os problemas são difíceis por serem complexos de três maneiras:

> *1º) São dinamicamente complexos, ou seja, sua causa e seu efeito estão afastados no tempo e no espaço e, dessa forma, são difíceis de compreender.*
>
> *2º) São generativamente complexos, o que significa que estão se desdobrando, em formas desconhecidas e imprevisíveis.*
>
> *3º) E são socialmente complexos, o que significa que as pessoas envolvidas veem as coisas de forma muito diferente e, assim, os problemas se tornam polarizados e emperrados.*

Compreender as múltiplas verdades e possibilidades torna-se imperativo para a solução dos problemas, o que implica valores como humildade, respeito ao outro, tolerância, escuta ativa. Porque um problema complexo não pode ser resolvido unilateralmente, mas por aqueles que são parte da situação e se disponham a compreender os seus aspectos e cooperativamente agirem para resolver.

Nessa perspectiva, podemos compreender as contradições e imprevisibilidades e com elas conviver, mas devemos, sobretudo, adotar nova postura frente ao mundo e passar a considerar todas as dimensões possíveis capazes de influenciar tudo e todos, tanto interna quanto externamente. Ora, isso exige de cada um de nós uma abertura ao diálogo com o diferente para superar as possíveis divergências.

Não se resolvem problemas simples com soluções complexas, muito menos soluções simples para problemas complexos. Como Kahane diz, problemas simples ou de baixa complexidade podem ser resolvidos de forma eficaz por meio de processos simples, graduais, baseados na experiência anterior e autoritários, mas problemas complexos exigem soluções através de processos sistêmicos e participativos. Como fazê-lo sem a prática de valores humanos como abertura, respeito ao outro, compreensão mútua, entre outros?

O Rabino Nilton Bonder conta a seguinte estória que ilustra essa reflexão:

> Conta-se que foram convidados para um casamento dois importantes rabinos hassídicos para co-oficiar – Rabi Levi Itschak de Berdichev e o Alter Rebbe, o Rabino Shneur Zalman. Os dois tinham características diferentes. Rabi Levi era conhecido como pessoa de grande espontaneidade, cuja alma era puro "fogo". Para ele não existia o mundo, apenas a realidade de Deus. Já o Alter Rebbe era alguém para quem Deus era obviamente importante, mas existia o mundo e a sua realidade. Quando orava, Rabi Levi se deslocava pela sinagoga de tal maneira, que em dado momento estava em um local, logo em outro. O Alter Rebbe, por sua vez, permanecia fixo em um único lugar.
>
> No dia do dito casamento, quando os dois se dirigiam à sala em que se realizaria a cerimônia, se depararam com uma porta muito estreita, por onde não poderiam passar juntos. Como é de costume, em deferência, um propôs ao outro:

– Por favor, passe primeiro.
O outro recusou:
– Não, de forma nenhuma, passe você primeiro!
Ficaram assim por alguns instantes, até que Rabi Levi disse:
– Passemos pela parede!
Ao que retrucou o Alter Rebbe:
– Não... é suficiente alargarmos a porta.

A intransigência, o orgulho e a inflexibilidade impedem a passagem para um outro nível, para a convivência e a construção de uma sociedade melhor para todos. Só alargando a porta da mente e do coração será possível passarmos para esse novo patamar da evolução humana.

7

A transdisciplinaridade
Transcender o olhar

> *O respeito à autonomia e à dignidade*
> *de cada um é um imperativo ético e*
> *não um favor que podemos ou não*
> *conceder uns aos outros.*
> Paulo Freire

Não se pode examinar a questão à luz da complexidade sem o pensar transdisciplinar, pensar este que é fruto do novo paradigma. Basarab Nicolescu nos ajuda a entender melhor o conceito e a distinção entre pluri e transdisciplinaridade. O primeiro conceito refere-se ao estudo de um objeto de uma mesma e única disciplina por várias disciplinas ao mesmo tempo, o que enriquece o conhecimento acerca do objeto pelo cruzamento de várias disciplinas, mas no seu entendimento sua finalidade continua inscrita na estrutura da pesquisa disciplinar. Ao passo que, como o prefixo "trans" indica, a transdisciplinaridade refere-se ao que está simultaneamente entre, através e além de qualquer disciplina e seu objetivo é a unidade do conhecimento.

O campo do conhecimento é marcado pelas disciplinas e pode-se mesmo afirmar que o seu desenvolvimento inicial se deveu em boa parte à análise do fragmentado: fonte geradora de todas as especializações. Se, de um lado, a especialização faculta o progresso, desenvolvendo novos conhecimentos, de outro ela é limitante à medida que os conhecimentos especializados são fragmentados e não intercambiáveis, produzindo conhecimentos e práticas mutiladas e mutilantes.

Ora, isso exige mais do que uma interdisciplinaridade, entendida como um processo de comunicação e colaboração entre as diferentes disciplinas e especializações, como por exemplo, a transferência de métodos de uma disciplina para outra, podendo até gerar outra disciplina, relação entre arte e informática, por exemplo.

Hoje a síntese se faz necessária e uma síntese transdisciplinar que supere todas as barreiras que reduza, fragmente ou delimite os territórios do saber. O pensar complexo e transdisciplinar possibilita uma reflexão crítica e abrangente na direção do saber total, sem perder de vista a singularidade.

É preciso, pois, estabelecer o diálogo entre as disciplinas e entre estas e o curso como um todo e entre o curso e a sociedade, o mercado e a própria vida, a fim de que se obtenha uma visão conjunta: o todo composto por muitos aspectos e em cada aspecto presente o todo.

No mundo organizacional a mesma exigência se faz: cada setor, cada departamento precisa interagir e dialogar com as demais áreas de modo a, respeitando os seus respectivos objetivos e *modus operandi*, que saibam conjugar esforços para a missão comum a todos. Assim, quanto maior a interação entre áreas, quanto mais diálogo, maior a possibilidade de solução.

O novo paradigma exige a construção de pontes entre saberes, entre as áreas hoje tão separadas em ilhas, feudos que impedem a realização da missão seja da educação, seja das organizações ainda tão compartimentadas e para todos os fenômenos que acontecem na sociedade e no planeta.

Há uma estória sobre alguém que descobriu que o melhor caminho é o de construtor de pontes.

Quando chegou aquele homem pequeno, de olhos brilhantes e um rosto que tinha algo de palhaço, eu tinha apenas 17 anos e vivia do outro lado do riacho. Na primavera e no início do verão, a água descia das geleiras das montanhas e corria formando mil redemoinhos, arrastando troncos que se entrechocavam. Aquele homem construiu sua choça perto do riacho.

Durante a primeira semana ninguém o via. Depois fiquei sabendo que trabalhava na serraria dos Irmãos Gomes. Durante um mês passou seus fins de semana olhando as águas, o bosque e o povoado. Olhava os outros e a nós com um olhar profundo e calmo.

No segundo mês começou a cortar grandes árvores. Foi num fim de semana que apareceu em nossa cabana e pediu que lhe emprestássemos uma junta de bois.

– Quero arrastar os troncos, disse.

Meu tio, por curiosidade, foi olhar e viu que arrastava os troncos para perto do riacho.

– Vai fazer uma balsa! Disse meu tio.

Meu assombro, porém, foi grande quando o vi cavar um buraco e enterrar um enorme tronco. Em seguida arrastou pedras para firmá-lo. Meu tio observou-o durante todo o dia e depois disse:

– Está louco! Quer fazer uma ponte...

Naquela noite sonhei com uma linda ponte de madeira que fazia um barulho como um tambor quando se andava sobre ela.

No domingo de manhã, saltei da cama e corri ladeira abaixo. Sem dizer uma palavra, comecei a arrastar pedras. Ao entardecer o homem me disse:

– Vai ser lindo quando pudermos passar sobre o rio!

No outro fim de semana se juntaram a nós dois homens e uma mulher que vivem na ribanceira da frente. Durante a jornada houve conversa e se contaram estórias. Então me lembrei que "os da frente" não eram tão maus como me dizem os vizinhos.

Ao final da jornada o homem disse:

– No sábado que vem trabalharemos na outra margem do rio.

Desta vez fomos 15 pessoas, em ambos os lados do rio. No terceiro mês éramos quarenta. Houve, então, um problema sério do nosso lado. Uns goles de pinga a mais provocaram uma discussão entre Manuel, o carpinteiro, e João, o ferreiro. Ambos queriam ser chefe da construção. Naquela mesma noite o volume de águas cresceu e arrastou consigo nossos troncos e empurrou enormes pedras como se fossem cascalhos.

No seguinte fim de semana éramos apenas sete, limpando a costa para começar tudo de novo. Cinco meses depois, finalmente, colocávamos as proteções dos lados.

– Coloquemos umas boas proteções para que as crianças possam correr pela ponte, sem perigo – nos disse o homem.

Fomos oitenta, os que trabalhamos na construção das proteções. Pela tarde, oitenta e um; foi quando chegou meu tio, o último a incorporar-se.

Naquela noite, mortos de cansaço, fomos todos olhar nossa ponte e nos sentamos ao redor de um grande fogo. Então nos demos conta de que amávamos a ponte, o rio e que gostávamos de estar juntos. Essa união não nos abandonaria nas iniciativas que haveríamos de tomar depois.

Nos olhávamos com estima e em cada um de nós existia um secreto desejo de recuperar o tempo perdido, quando nem sequer nos olhávamos. Isso tudo o devíamos àquele homem pequeno, de olhos brilhantes e semblante de palhaço.

Que pontes precisam ser construídos nas empresas? E na educação? Que pontes cada um de nós pode construir? Se o fizermos, mudaremos o nosso olhar com relação aos outros.

Já perdi a conta das vezes que facilitando diálogos nas empresas, em programas de desenvolvimento de lideranças e equipes, ouvi comentários como "Nossa! Trabalhamos juntos há tanto tempo e não sabia que você tinha passado por isso!", "Poxa! A gente podia estar trocando experiências há muito mais tempo!", "Agora a gente vê o outro como um ser humano e não mais como um técnico" etc.

Certamente isso acontece porque o olhar míope e, tantas vezes preconceituoso, impede-nos de ver o ser humano que há em cada profissional, em cada colega, em cada membro de uma equipe de trabalho. O que é lamentável, pois seremos tão mais ricos como pessoas quanto mais ricos forem os nossos relacionamentos e estes serão preciosos se soubermos ver em cada ser humano a sua dimensão mais profunda e sagrada.

Como nesta história de Gurumayi Chidvilasananda:

Certa vez, o Rei Janaka estava fazendo a sesta e começou a sonhar que outro rei invadia seu país. Ele perdeu a batalha, mas o rei inimigo o deixou ir e não o colocou na prisão. Durante suas perambulações, Janaka ficou tão faminto, que foi para um campo e começou a comer o milho. O fazendeiro viu um homem roubando seu milho, então pegou um cajado e começou a surrá-lo.

Quando Janaka acordou, estava no palácio, em sua cama, e todos os seus servos o abanavam. Fechou os olhos e estava de volta ao campo e o fazendeiro o espancava. Ele acordou, e estava de volta ao palácio, em sua cama. O rei sentou-se completamente confuso: Qual é a realidade, meu sonho ou meu estado de vigília? Ambos eram tão vívidos e reais!

No dia seguinte convocou todos os sábios e profetas e perguntou-lhes:

– Digam-me qual é a realidade – meu sonho ou meu estado de vigília?

Todos ofereceram-lhe diferentes respostas, mas ele não ficou satisfeito e os colocou na prisão.

Passaram-se alguns anos. Então, um pequeno sábio que vivia no reino perguntou a sua mãe:

– Onde está o meu pai? Por que nunca o vi?

A mãe respondeu:

– Seu pai está na prisão porque o rei fez uma pergunta e ele não conseguiu responder.

– Que tipo de pergunta? – indagou o menino.

Quando a mãe explicou, ele disse:

– Eu responderei a essa pergunta. E foi para a corte.

Este jovem sábio tinha o corpo aleijado, por isso era chamado de Ashtavakra. Ao entrar na corte, todos os cortesãos puseram-se a rir dele. O rei também começou a rir, mas o menino não se deixou abalar pelos risos. Como Ashtavakra era um sábio, o rei colocou-o ao seu lado no trono.

O rei perguntou:

– Está pronto para minha pergunta, ó jovem sábio?

– Ainda não, disse Ashtavakra. Primeiro preciso fazer-lhe uma pergunta e então responderei à sua. E indagou:

– Majestade, posso entender por que todos riram, mas pode me dizer por que você riu quando eu entrei?

O rei ficou estupefato, contudo, tinha de responder à pergunta.

– Ó sábio, o que posso dizer? Vi seu corpo todo aleijado. Nunca vira nada assim em minha vida, por isso ri.

O jovem sábio disse:

– Majestade, se os seus olhos podem enxergar apenas o que é externo, como pode entender a Verdade mais oculta do que o mais oculto, mais sutil do que o mais sutil, mais fina do que o mais fino? Você é cego, ó rei! Olha apenas para o corpo, não para o que há dentro do corpo. Ainda que

eu respondesse à sua pergunta, se tudo que pode ver é meu corpo, como poderia compreender o que digo?

Sempre me lembro de uma frase do Eduardo Galeano: "os cientistas dizem que somos feitos de átomos, mas um passarinho me contou que somos feitos de histórias". Quando descobrimos isso e deixamos de ver o aparente e passamos a conhecer a história do outro, o que está oculto, tudo muda. A ponte do diálogo nos leva a enxergar além, e só com o olhar transdisciplinar é possível enxergar o Sagrado da história do outro. Porque toda história humana é uma história sagrada.

Adam Kahane nos chama a atenção para esse aspecto tão presente no mundo dos negócios:

Para resolver um problema complexo, temos de mergulhar na sua total complexidade e nos abrirmos a ela. A complexidade dinâmica requer que falemos não só com especialistas próximos de nós, mas também com pessoas de fora do nosso círculo. A complexidade generativa requer que conversemos não só sobre opções que deram certo no passado, mas também sobre aquelas que estão surgindo no momento. E a complexidade social requer que falemos não só com pessoas que veem as coisas como nós, mas principalmente com quem vê as coisas diferentes, mesmo aqueles de quem não gostamos. Devemos ir muito além da nossa zona de conforto.

Não é esse o papel de líderes e educadores: construir pontes? Aliás, todo líder, para sê-lo, precisa ser um educador e vice-versa.

Não há alternativas para solucionar problemas complexos, é preciso saber construir pontes que se faz com valores humanos e diálogo, o que exige atitude de escuta ativa e sensível e, de outra parte, coragem para se expor e desapego das próprias ideias para poder emergir a sabedoria coletiva.

Deste modo se obtém a superação da arrogância e da prepotência presente nas especializações e da pretensa hierarquia entre os saberes.

> *Conta-se que toda semana um velho fazendeiro tomava um trem para ir à cidade depositar em um banco o produto da colheita. Ele procedia assim havia muitos anos e no final da tarde retornava no mesmo trem. Na viagem de volta, também era rotineira a presença de um professor universitário, que aproveitava a viagem para ler algum livro, corrigir alguma prova ou preparar algum teste para aplicar em aula. Com isso ele se distraía e não sentia o tempo passar.*
>
> *Numa dessas viagens, o professor esqueceu sua pasta na escola e ficou sem ter com o que se distrair. Resolveu então puxar conversa com o velho fazendeiro que ele sempre via no trem.*
>
> *– Boa tarde – cumprimentou o professor. Depois de dizer seu nome, acrescentou: – Sou professor universitário, tenho cinco diplomas, falo seis idiomas e sou muito viajado, conheço todos os continentes. E o senhor, quem é?*
>
> *Após também dizer seu nome, o velho mostrou-lhe as mãos calejadas e acrescentou:*
>
> *– Mas eu não completei nem o primário, mal sei ler e assinar o meu nome...*

O professor, vendo que entre eles não seria possível uma longa conversa, sugeriu uma brincadeira para passar o tempo:

– Eu lhe faço uma pergunta e o senhor me faz uma pergunta. Quem errar paga um real para o outro.

– Ah, não acho justo –, disse o velho. Como eu tenho pouco conhecimento, se eu errar eu lhe pago um real. Mas se o senhor, que tem muito conhecimento, errar, aí o senhor me paga dez reais.

Assim acertaram e o velho pediu para fazer a primeira pergunta:

– O que é, o que é que tem dez metros de comprimento, pesa dez quilos, tem capacidade para transportar dez pessoas e dá a volta ao mundo em dez dias?

O professor pensou, pensou, mas não teve jeito de achar a resposta.

– Não sei – admitiu.

– Então me pague os dez reais – disse o velho, estendendo a mão.

O professor pagou e, percebendo a perspicácia do velho, disse:

– Sendo a minha vez de perguntar, eu devolvo a mesma pergunta ao senhor: O que é essa coisa que o senhor me perguntou?

– Eu também não sei – respondeu o velho e, estendendo a mão, disse: – Aqui está o seu um real.

Assim podemos afirmar que ninguém sabe mais do que ninguém, cada um sabe coisas que o outro não sabe e juntos sabemos mais. Ninguém é dono da verdade e não há hierarquia de saberes, todos os saberes são complementares.

Ao abrir-se para o diálogo, para o reconhecimento e o respeito entre as disciplinas, especializações e áreas, desenvolve-se outra visão transcultural, transdisciplinar e holística. Desenvolve-se o que chamamos de inteligência coletiva, condição fundamental para a solução de problemas complexos.

Porventura não será este o caminho que a educação deve percorrer se pretender atingir o seu objetivo de desenvolvimento humano? Não será também essa a inteligência a ser descoberta e desenvolvida pelas organizações?

Como diz Nicolescu, a abordagem transdisciplinar nos faz descobrir a ressurreição do indivíduo e o começo de uma nova etapa de nossa história. E mais, os pesquisadores e agentes da transdisciplinaridade serão os resgatadores da esperança.

Ela, a esperança que ficou no fundo da caixa de Pandora, após saírem todos os males que põem a humanidade no caminho da ruína, advirá de um novo olhar, de uma nova forma de pensar, de perceber e conceber o ser humano, considerando todas as suas dimensões, compreendendo-o como ser integral, complexo, holístico e transdisciplinar.

Isso significa compreender o ser humano não só como mente, mas também como corpo e espírito, elementos que estão relacionados como um todo e também significa valorizar todas as suas potencialidades física, mental, emocional e espiritual.

A crença que outro mundo é possível deve ser mobilizadora de todos para empreender os esforços para a sua construção e também desse novo ser cuja natureza é ética e que somente se realiza como sujeito histórico quando se mantém em permanente comunhão com todas as suas relações.

Quanto mais nos abrirmos ao outro, quanto mais nos orientarmos para o infinito, quanto mais sairmos de nós mesmos para nos integrarmos ao todo, mais plenos e realizados seremos.

8
Educação em valores
Brilhando o olhar da esperança

Estai sempre dispostos a justificar as razões da vossa esperança perante àqueles que dela vos pedem conta.

1Pd 3,15

Todas as tradições espirituais descrevem sob diferentes formas o estado de plenitude humana e orientam o caminho seguro para se atingir tal estado, que podemos sintetizar como o caminho do amor, tão bem-definido por Paulo Apóstolo:

Ainda que eu falasse as línguas dos homens e dos anjos, se não tiver caridade, sou como o bronze que soa, ou como o címbalo que retine. Mesmo que eu tivesse o dom da profecia, e conhecesse todos os mistérios e toda a ciência; mesmo que tivesse toda a fé, a ponto de transportar montanhas, se não tiver caridade, não sou nada. Ainda que distribuísse todos os meus bens em sustento dos pobres, e ainda que entregasse o meu corpo para ser queimado, se não tiver caridade, de nada valeria! A caridade é paciente, a caridade é bondosa. Não tem inveja. A caridade não é orgulhosa. Não é arrogante. Nem escandalosa. Não bus-

ca os seus próprios interesses, não se irrita, não guarda rancor.

Não se alegra com a injustiça, mas se rejubila com a verdade. Tudo desculpa, tudo crê, tudo espera, tudo suporta. A caridade jamais acabará. As profecias desaparecerão, o dom das línguas cessará, o dom da ciência findará. A nossa ciência é parcial, a nossa profecia é imperfeita. Quando chegar o que é perfeito, o imperfeito desaparecerá. Quando eu era criança, falava como criança, pensava como criança, raciocinava como criança. Desde que me tornei homem, eliminei as coisas de criança. Hoje vemos como por um espelho, confusamente; mas então veremos face a face. Hoje conheço em parte; mas então conhecerei totalmente, como eu sou conhecido. Por ora subsistem a fé, a esperança e a caridade – as três. Porém, a maior delas é a caridade (1Cor 13,1-13).

Igualmente a filosofia e a ciência têm estudado e proposto condições para se viver e conviver harmônica e pacificamente em um mundo em constante evolução. Em todas se afirmam a supremacia do ser humano e o caráter inviolável de sua dignidade, fazendo dele senhor e sujeito da história. É inaceitável, portanto, qualquer sistema ou modelo de educação e de gestão, no caso das empresas, que não privilegie o ser humano em todas as suas dimensões.

A educação, que deve ter a amplitude da vida, suscita muitas questões relevantes para a reflexão: Que conteúdos são realmente significativos para a vida? Quais as contribuições da educação para a felicidade, para a paz?

Se temos tantos problemas, até que ponto os currículos escolares do nível fundamental à pós-graduação são responsáveis pela manutenção da situação ou pela transformação?

Resgatar essas proposições e o ideal estabelecido pela diversidade de pensamentos e torná-los essenciais e factíveis para a sobrevivência humana é um dos grandes desafios da atualidade. Repensar a sociedade, a educação, a constituição da empresa e o cuidado com o planeta à luz do novo paradigma torna-se vital para fazer acontecer o nosso sonho de uma vida melhor.

O desafio é colocado para todos os educadores, todas as instituições de ensino e organizações, enfim, todos os espaços onde acontece educação *lato sensu* (famílias, igrejas, empresas, Ongs, associações etc.): Que modelo de educação se pratica? A quem serve? Que ser humano e sociedade se pretende formar?

Pois é verdade que toda teoria educativa deve estar sedimentada em alguma concepção de sociedade e do ser humano. Em todo projeto educativo há uma antropologia, uma ideologia, uma opção social e política. Somente assim é possível entender a educação: a partir de seus fundamentos, do paradigma que a sustenta e dos seus propósitos.

Podemos afirmar que o objetivo primordial da educação é desenvolver seres humanos íntegros, autoconscientes, adultos, solidários e abertos para o outro e para o mundo, capazes de identificarem-se a si mesmos como sujeitos da história, com suas próprias convicções e sistemas de valores, livres e responsáveis por construir uma sociedade mais justa, democrática e fraterna.

Ampliando a reflexão, isto significa que deve prover condições para que todos, de maneira lúcida, consciente e crítica, participem ativamente nas diversas instâncias da sociedade visando contribuir para a construção de um mundo onde os direitos humanos sejam respeitados, onde haja respeito à natureza e integração e convivência com todos os seres, inclusive com o diferente, enfim, exercendo a plena cidadania.

Isto equivale a conceber a educação como um processo permanente de aperfeiçoamento do ser humano, que inclui o desenvolvimento das suas potencialidades e aptidões, de seus saberes e emoções, de sua espiritualidade e autoconsciência, dando-lhe capacidade de agir e interagir com os iguais e diferentes, com o meio ambiente e com o cosmos, e discernimento para transformar-se e transformar a sociedade, desempenhando o papel que lhe cabe como ser humano, cidadão e trabalhador.

Certa vez li uma estória sobre o poder da educação que dizia que Licurgo, um legislador grego que viveu no século IV a.C., foi convidado para proferir uma palestra sobre educação. Assim se conta:

> Ele aceitou o convite, mas pediu um prazo de seis meses para se preparar.
>
> O fato causou estranheza, pois todos sabiam que ele tinha capacidade e condições de falar a qualquer momento sobre o tema e, por isso mesmo, o haviam convidado. Transcorridos os seis meses, compareceu ele perante a assembleia em expectativa. Postou-se à tribuna e, logo em seguida, entraram dois criados, cada qual portando duas

gaiolas. Em cada uma havia um animal, sendo duas lebres e dois cães.

A um sinal previamente estabelecido, um dos criados abriu a porta de uma das gaiolas e a pequena lebre, branca, saiu a correr, espantada. Logo em seguida, o outro criado abriu a gaiola em que estava o cão e este saiu em desabalada carreira ao encalço da lebre. Alcançou-a com destreza, trucidando-a rapidamente. A cena foi dantesca e chocou a todos. Uma grande admiração tomou conta da assembleia e os corações pareciam saltar do peito.

Ninguém conseguia entender o que Licurgo desejava com tal agressão. Mesmo assim, ele nada falou. Tornou a repetir o sinal convencionado e a outra lebre foi libertada. A seguir, o outro cão.

O povo mal continha a respiração. Alguns mais sensíveis levaram as mãos aos olhos para não ver a reprise da morte bárbara do indefeso animalzinho que corria e saltava pelo palco.

No primeiro instante, o cão investiu contra a lebre. Contudo, em vez de abocanhá-la, deu-lhe com a pata e ela caiu. Logo ergueu-se e se pôs a brincar. Para surpresa de todos, os dois ficaram a demonstrar tranquila convivência, saltitando de um lado a outro do palco.

Então, e somente então, Licurgo falou:

– Senhores, acabais de assistir a uma demonstração do que pode a educação. Ambas as lebres são filhas da mesma matriz, foram alimentadas igualmente e receberam os mesmos cuidados. Assim igualmente os cães. A diferença entre os primeiros e os segundos é, simplesmente, a educação.

E prosseguiu vivamente o seu discurso dizendo das excelências do processo educativo:
– A educação, baseada numa concepção exata da vida, transformaria a face do mundo. Eduquemos nosso filho, esclareçamos sua inteligência, mas, antes de tudo, falemos ao seu coração, ensinemos a ele a despojar-se das suas imperfeições. Lembremo-nos de que a sabedoria por excelência consiste em nos tornarmos melhores.

Sabemos que ensinar física, matemática, um idioma, uma habilidade é uma coisa, e desenvolver capacidade de compreender-se e compreender os demais, de ser solidário, ético e agente de transformação, é outra e muito mais exigente. Assim, também é inquestionável que preparar um indivíduo para exercer uma profissão, fornecendo-lhe uma diversidade de informações fragmentadas, é uma coisa muito distinta de se formar integralmente um ser humano para que, qualificado profissionalmente, sirva à humanidade.

Como não há neutralidade na educação, isto é, todo educador, de alguma maneira, é um transmissor de valores ou de contravalores, torna-se vital que se tome consciência da importância da complexidade presente no processo educativo.

A partir do paradigma da complexidade é que o processo educativo contribuirá para o desenvolvimento humano engendrando saberes diferenciados, promovendo a inteligência emocional e espiritual, a atitude crítica e os anseios pela justiça, além das habilidades técnicas necessárias.

Considerando que a educação tem uma especial responsabilidade pela edificação de um mundo mais solidário, há de se entender que somente investindo no desenvolvimento dos princípios éticos, dos valores espirituais presentes nas diferentes culturas e no respeito à diversidade é que se encontrará um equilíbrio frente à gigantesca pressão que os aspectos econômicos e tecnicistas exercem sobre as pessoas.

Só a partir da formação integral do ser humano é que virá a formação profissional. Pois que adianta investir tanto na "formação de mão de obra" se não se forma o caráter? De que valem tantos processos para desenvolver profissionais competitivos se não se constroem relacionamentos solidários, convivência harmoniosa, respeito e tolerância para com o diferente, se falta autoconsciência e postura democrática?

O investimento na formação profissional deve ter um caráter estratégico e uma amplitude para responder a todas essas questões e a mobilização de todos os atores envolvidos direta ou indiretamente no processo educativo: pais, instituições de ensino, líderes nas empresas, igrejas, consultores que atuam em programas de treinamento e desenvolvimento.

O Relatório Delors especifica quatro aprendizagens básicas, em torno das quais se deve organizar o processo educativo:

- Aprender a conhecer: significa não só a aquisição de conhecimentos, mas, sobretudo, a capacidade de dominar os instrumentos do conhecimento, que, assim, poderá ser considerado como um meio e como finalidade da vida humana. Entende-se, hoje, que um espírito, para ser considerado suficientemente formado, precisa de uma cultura geral ampla e também da possibilidade de trabalhar em profundidade determinados assuntos.

• Aprender a fazer: considerando que o progresso técnico modifica continuamente as qualificações exigidas pelo mercado e considerando, ainda, que qualidades relativas ao "saber ser" se tornam cada vez mais exigidas, juntamente com saber fazer, para compor as competências, é fundamental que a educação invista no desenvolvimento de qualificações comportamentais, tais como: capacidade de comunicar-se, de trabalhar e se relacionar com outros, de resolver conflitos e servir aos outros para fazer frente às disfunções e defasagens que o tecnicismo provoca.

• Aprender a viver juntos: cada vez mais se prioriza o espírito de competição e o sucesso individual. É preciso enfatizar sobre a urgência de que todas as pessoas tomem consciência das suas semelhanças e da interdependência que há entre todos os seres do planeta.

• Aprender a ser: a pessoa deve ser capaz de discernir, de pensar criticamente e tomar suas decisões por si mesma, além de desenvolver sua capacidade intuitiva, sua criatividade, equilíbrio emocional e espiritualidade, aspectos tão necessários no mundo que sofre ameaças constantes.

Paulo Freire alerta que transformar a experiência educativa em puro treinamento técnico é amesquinhar o que há de mais fundamental na educação, que é formar o caráter.

9
Um olhar sobre valores humanos

Somos o que fazemos, mas somos,
principalmente, o que fazemos para
mudar o que somos.
Eduardo Galeano

Não sei o que você pensa, mas acredito que precisamos mais de líderes sábios que de técnicos para tomar decisões e nos mostrar os caminhos a seguir. Porque só líderes sábios são capazes de, além de ampliar a própria visão, ajudar na expansão da consciência de todos, conectando pessoas, capacitando-as e direcionando suas competências e energias para o que pode agregar valor aos negócios e à organização. Nesse sentido, que caminho percorrer senão o dos novos paradigmas e da formação em valores humanos? Que caminho senão o da interconexão dos saberes e da formação ética dos futuros líderes? Os estudos revelam que a maior parte das organizações que têm sucesso a longo prazo construiu sua história em uma sólida base de valores e princípios éticos.

Barrett diz que tudo o que focamos em nossas vidas é um reflexo da nossa consciência individual, e tudo o que uma organização foca é um reflexo da consciência coletiva da organização.

Uma vez que o currículo escolar – do nível fundamental ao superior –, tem efeitos no desenvolvimento da consciência das pessoas – ele nos faz ser o que somos, não só no aspecto cognitivo, mas, sobretudo, na construção do sujeito –, e que todo educador transmite não só conteúdo, mas ideologia e valores, então que valores incluir como referência na educação em uma sociedade pluralista e multicultural?

O que precisa ser revisto na universidade onde se formam os dirigentes intelectuais, políticos e empresariais, de modo que a consciência das lideranças contribua para a constituição de culturas organizacionais baseadas em valores?

Se a escola não é o único espaço de educação e o fenômeno educativo ocorre também nas organizações empresariais e, nesse sentido, se torna espaço privilegiado de educação permanente, já que nele se desenvolve um conjunto de conhecimentos, habilidades, atitudes e valores, como esse espaço pode contribuir com a missão da educação de formar seres íntegros, éticos e conscientes de seu papel na história? E que contribuições podem ser efetivadas no sentido de humanizar as lideranças e os profissionais que hoje estão à frente dos empreendimentos?

Diante dos desafios que se apresentam e considerando que a formação dos profissionais e líderes acontece em grande parte no interior das organizações, como atuar de modo a contribuir para o amadurecimento das pessoas para o pleno exercício das competências, para saber pensar e agir de acordo com os valores? Para mudar o modelo mental, saindo do pensamento linear para o sistêmico e complexo que acolhe, dialoga, amplia e transcende a visão?

Se os novos tempos exigem um novo tipo de líder capaz de contribuir com a evolução das pessoas e transformação das estruturas, onde será formado?

Se é pelo exemplo que o líder se torna fonte de inspiração e referência do entusiasmo, determinação e comprometimento com as causas coletivas, onde tomará consciência? Se ele deve ser um aglutinador de saberes, um descobridor e potencializador da inteligência coletiva, como aprenderá e desenvolverá esta habilidade se não for também em um ambiente transdisciplinar?

Como responder aos anseios de realização humana e cuidado da vida no planeta, já que tudo está interligado, se não se investir e envidar todos os esforços para uma ação educativa que inclua a dimensão dos valores?

Todas essas questões são pertinentes e se relacionam diretamente com o tipo de vida que queremos viver e com o tipo de sociedade que queremos. Somos agentes de transformação para intervir na sociedade e tornar a vida melhor para todos.

Serão essas questões ingênuas e até utópicas nesse mundo onde tudo é tão superficial e efêmero? Será o ser humano refém daquilo que ele mesmo criou? Porque, como disse Paulo Freire, se é possível explorar, dominar e até modificar a natureza que não criamos, por que não modificar aquilo que é nossa produção, como a cultura, a história e a política?

Não será a falta de utopia o elemento alienante e desmobilizador das pessoas? Não é o ser humano um ser dialógico, relacional e capaz de transformar-se e, transformando-se, transformar? Qual é a vocação humana, senão a de realizar a própria humanidade de maneira integral e poder se libertar de todas as amarras e sonhar e agir para transformar seus sonhos em realização plena?

Será possível ser o que se sonha e concretizar a utopia ou será ela apenas uma ilusão para atenuar os sofrimentos? Se assim for, por que pensar em projetos e nas empresas falar em missão, visão e valores? E o que dizer da Declaração Universal dos Direitos Humanos? E a Carta da Terra? E o Sermão da Montanha? E todos os outros grandes e profundos ensinamentos que a humanidade, em suas diversas tradições espirituais, já desenvolveu ao longo de séculos? Não será urgente que tais ensinamentos sejam continuamente refletidos? Igualmente não será urgente assumir a Declaração Universal das Responsabilidades Humanas como critério comum para todos a fim de construir uma nova ordem mundial?

São tantas as inquietações e perguntas que me fazem lembrar de uma estória interessante:

> *Conta-se que, afastado das aldeias, perto de uma montanha, morava um velho sábio. Vivia sozinho e de forma bastante austera. Alimentava-se praticamente só de coisas que cresciam na horta que tinha perto de sua choupana. De quando em vez, algum morador lhe presenteava também com alguma comida. Era muito conhecido por sua sabedoria e muito procurado por todos que quisessem um conselho para tomar alguma decisão ou resolver algum problema. Como dificilmente se afastava de sua moradia, estava sempre lá e podia ser procurado por qualquer um, em qualquer dia.*

Também muitas crianças gostavam de andar por lá e escutar o velho falar. Um dia uma criança disse ao velho sábio:

– Tu dás conselhos a todas as pessoas que aqui vêm. Tu sabes falar sobre qualquer assunto. Mas, diga uma coisa: e tu mesmo, quando precisas de um conselho, a quem procuras?

O velho sábio deu um pequeno sorriso e respondeu ao garoto:

– Eu tenho um pássaro. Eu pergunto a ele. E ele me ajuda bastante.

Desde então se espalhou naquela região a história do pássaro conselheiro que vivia com o velho sábio. As pessoas de todas as aldeias da região ficaram curiosas para conhecer o pássaro.

Muitos espreitavam a choupana do velho sábio por longas horas, para ver se viam alguma coisa. Mas ninguém nunca chegou a ver o tal pássaro. E assim, a curiosidade só aumentava e ninguém tinha coragem de perguntar ao velho sábio onde estava o tal pássaro conselheiro. E os pais aconselhavam os filhos a não tocarem no assunto do pássaro com o velho, pois um tal pássaro podia ser até muito perigoso.

Uma vez um grupo de crianças estava conversando com o velho sábio e uma delas, muito curiosa, tomou coragem e perguntou sobre o tal pássaro. O velho sábio disse:

– Então queres ver o meu pássaro? É muito simples. Espere um pouco.

O velho sábio entrou na sua choupana e pouco depois saiu de lá com um pássaro de madeira na mão, esculpido toscamente com um canivete. As

crianças olharam aquilo meio incrédulas e per-
guntaram se o velho sábio tinha certeza que este
era o pássaro que dava respostas às suas pergun-
tas. E o velho sábio respondeu:
– Eu não disse que o pássaro dá as respostas. Eu
só disse que este pássaro me ajuda bastante, pois
a ele eu faço as perguntas. E faço muitas pergun-
tas. E se souber fazer bem as perguntas, já é uma
etapa importante na busca das respostas.

Pois bem, este é um princípio da sabedoria: saber fazer bem as perguntas, como quem ainda tem muito a aprender e está sempre aberto aos mistérios da vida e ao que possibilita a evolução humana. Quais são as suas perguntas?

Quando reflito sobre essas que fiz, penso que é preciso que tais documentos sejam lidos e vivenciados em sua profundidade e não tidos como manifestos de grandes líderes; é preciso que a ética penetre o mais fundo da alma humana e paire sobre a sociedade conduzindo-a para novos tempos de paz.

A humanidade precisa de uma utopia que seja capaz de proporcionar o prazer de pensar e agir. Que tenha um caráter transdisciplinar porque não está ligada a um determinado lugar, já que tudo está interligado, e onde o cuidado com o que é comum a todos seja assumido por todos.

Todos sentimos necessidade de outra forma de organizar a sociedade, de um desenvolvimento que seja sustentável, que significa vida digna para todos: eliminação da miséria, da fome, da injustiça social e tudo o que exclui o ser humano e avilta a sua dignidade e integridade.

Significa ainda um novo modo de relacionar-se na perspectiva de que todos participamos de um destino comum e que pertencemos à mesma família humana.

Isso inclui uma consciência de si mesmo e a satisfação de todas as necessidades humanas, um nível de vida mais elevado sem destruição do ecossistema e o cuidado com o planeta, nossa casa comum. Significa, por fim, construir relacionamentos regulados pela ética, e ética é muito mais que obrigações legais.

O nosso futuro será aquele que nós desejarmos e criarmos e os líderes e educadores, como formadores de opinião, são responsáveis por influenciar a reflexão e inspirar os sonhos e fazê-los acontecer. A visão de futuro, a utopia humana, há de ser aquela em que todos são incluídos, principalmente os mais pobres e excluídos sociais, pois eles têm a chave definitiva para se entender o que seja bem comum. Sem eles, não se poderá falar de desenvolvimento, de paz, de democracia, de justiça. É diante deles que responderemos o que entendemos por ética.

Isto requer não apenas mudança das estruturas, mas, principalmente, mudança das consciências, porque, se não houver transformação do ser humano, nenhuma mudança estrutural possibilitará esta nova ordem.

Assim também será no mundo do trabalho. As empresas estão buscando um novo tipo de líder: que seja capaz de promover a realização das pessoas e desenvolver uma gestão tendo o bem comum como foco, que inclui o lucro como resultado das ações éticas desenvolvidas em benefício de todos: colaboradores, clientes, fornecedores, parceiros, governos, acionistas e sociedade. Entretanto, somente poderá ser chamado de bem comum se incluir aquele que sofre na sociedade, muitas vezes, pelas atitudes não éticas de dirigentes e vítima do sistema que privilegia apenas alguns.

Sabemos que para ser líder de fato precisará utilizar a ética em seu processo decisório e em seus inúmeros relacionamentos e que esses mesmos valores serão exigidos dos colaboradores. Logo, a conclusão inevitável é que em todas as áreas e profissões a formação deve incluir a educação em valores humanos e o saber pensar, sob pena de não conseguirmos realizar as transformações necessárias. A prosseguir nesse caminho de formar homens servis, mecânicos e irreflexivos, como nos diz Krishnarmurti, levaremos a humanidade para a ruína.

Como diz Pedro Demo: saber pensar não é só pensar. É também, e, sobretudo, saber intervir. Quem sabe pensar, entretanto, não faz por fazer, mas sabe por que e como faz.

Para assegurar que a utopia humana possa ser concretizada é preciso, portanto, investir na educação em valores, no desenvolvimento da sabedoria e da dimensão espiritual, de modo que o que há de melhor no humano, aquilo que dá significado à vida, seja fundamento de todas as ações. É preciso crer que outro mundo é possível, que outro ser humano também é possível, pois ambos – mundo e homem – estão inacabados e esperando que os que assim creem se tornem construtores da nova história, do novo mundo e do novo homem.

Reflitam sobre essa estória:

> *Um rei mandou o seu filho estudar no templo de um grande mestre com o objetivo de prepará-lo para ser um grande administrador.*
>
> *Quando o príncipe chegou ao templo, o mestre o mandou sozinho para uma floresta. Ele deveria voltar um ano depois, com a tarefa de descrever os sons da floresta.*
>
> *Retornando ao templo, após um ano, o mestre lhe pediu para descrever os sons de tudo aquilo que conseguira ouvir.*
>
> *Disse o príncipe:*
>
> *– Mestre, pude ouvir o canto dos cucos, o roçar das folhas, o alvoroço dos beija-flores, a brisa batendo na grama, o zumbido das abelhas, o barulho do vento cortando os céus.*
>
> *Ao terminar o seu relato, o mestre pediu que o príncipe retornasse novamente à floresta para ouvir tudo o mais que fosse possível. Apesar de intrigado, o príncipe obedeceu à ordem do mestre, pensando: "Mas eu já não distingui todos os sons da floresta?!!!"*
>
> *Por dias e noites ficou sozinho na floresta ouvindo, ouvindo, ouvindo... mas não conseguiu distinguir nada de novo, além dos sons já mencionados anteriormente ao mestre.*
>
> *Então, certa manhã, começou a distinguir sons vagos, diferentes de tudo o que ouvira antes. Quanto mais atenção prestava, mais claros os sons se tornavam. Uma sensação de encantamento tomou conta do rapaz.*
>
> *Pensou: "Esses devem ser os sons que o mestre queria que eu ouvisse". E, sem pressa, ficou ali*

ouvindo e ouvindo, pacientemente. Queria ter a certeza de que estava no caminho certo.

Quando retornou ao templo, o mestre lhe perguntou o que mais conseguira ouvir. Paciente e respeitosamente, o príncipe disse:

– Mestre, quando prestei mais atenção pude ouvir o inaudível som das flores se abrindo, o som do sol aquecendo a terra e da grama bebendo o orvalho da manhã.

O mestre, sorrindo, acenou a cabeça em sinal de aprovação, e disse:

– Ouvir o inaudível é ter disciplina necessária para se tornar um grande administrador. Apenas quando se aprende a ouvir o coração das pessoas, seus sentimentos mudos, os medos não confessados e as queixas silenciosas, um administrador pode inspirar confiança à sua equipe, entender o que está errado e atender às reais necessidades de cada pessoa. A morte de um país começa quando os líderes ouvem apenas as palavras pronunciadas pela boca, sem mergulhar a fundo na alma das pessoas, para ouvir os seus sentimentos, desejos e opiniões reais. É preciso, portanto, ouvir o lado inaudível das coisas, o lado não mensurado, mas que tem o seu valor, pois é o lado do ser humano... lembrando-se de que atrás de uma máquina tem dois olhos e atrás dos dois olhos tem um ser humano.

10

Um olhar sobre valores

*Não existe nenhuma lei histórica
que determine o curso das coisas em
seu todo. É de responsabilidade das
nossas decisões e dos atos humanos
que o futuro depende.*
Karl Jasper

Na abordagem filosófica de Vasquez, os valores existem unicamente em um mundo social, visto que só existem e se realizam no homem e pelo homem e suas propriedades naturais só se tornam valiosas quando servem para fins ou necessidades humanas.

Kneller, quando analisa a objetividade e a subjetividade dos valores, conclui que afirmar que existem valores objetivos é admitir que eles existem independentes de preferências humanas e, por outro lado, admitir que são subjetivos é afirmar que são reflexos da preferência humana. Isto porque, seja o que for, será valioso somente quando lhe for atribuído valor.

Assim, os valores ditos morais são aqueles expressos em atos humanos e realizados de modo consciente e voluntário. Ao longo da história o conteúdo dos valores morais muda, assim como muda de uma sociedade para outra e até mesmo dentro de uma mesma sociedade, visto que é o ser social que os cria.

Sem pretender polemizar entre o objetivismo e o subjetivismo axiológico e por não aceitar o dualismo que tudo separa, aqui os valores serão entendidos como princípios que fundamentam a consciência e as atitudes humanas e que estão presentes em todas as culturas e tradições espirituais e, pode-se afirmar, são próprios da condição humana. Em síntese, entendo que são os fundamentos éticos e espirituais da nossa consciência, de tal modo que forjam o nosso caráter.

Ao longo da história a humanidade e seus sábios e sábias souberam elaborar condutas éticas que são incondicionais e independem de culturas, de objetivismos e subjetivismos para aceitá-las como válidas para todos os tempos e lugares. Eis por que não cabe aqui teorizar e polemizar sobre o assunto. Vale é viver os valores que definem o caráter do ser humano!

Assim é que Frei Neylor Tonim conta essa história com tantas lições para nós:

> Era uma vez um homem que queria ser rei, não sabendo bem nem como nem por quê. Mesmo assim, não deixava de alimentar este insólito sonho. Desde cedo, saiu pelos caminhos da vida guiado por sua estrela.
>
> Estudou muito, leu tudo, sentou-se aos pés de velhos mestres, batalhou em várias frentes, foi peão e patrão, prestava muita atenção nas pessoas, pedia e aceitava de bom grado conselhos, consultava permanentemente seu interior sempre em busca de se entender melhor e continuava, teimosamente, a sonhar. Queria e, um dia, seria rei.
>
> Os caminhos da vida nem sempre lhe foram, na verdade, planos e ajardinados, lindos e ensola-

rados; quantas vezes o feriram, foram cruéis e escabrosos, com paisagens secas e desérticas, de horizontes inalcançáveis. Mas não desanimava por isto, não se permitia desanimar, embora assaltados inúmeras vezes por tentações de o fazer.

Tratava a vida com distinção, sem discriminá-la, e as pessoas com nobreza, sem amesquinhá-las, defendendo a dignidade das grandes causas, a realização dos grandes sonhos, dando força às lutas do povo contra os tiranos e preservando, como bens maiores, a liberdade, a esperança, a cidadania e a alegria de viver.

A vida, acreditava, é um milagre que deve florescer para o bem dos outros e para a glória de seu autor maior que é Deus. Tomava-a, por isto, nos braços com imenso carinho e sempre encantado, e brincava com ela como uma criança brinca com seus brinquedos preferidos.

Aceitou a companhia de outras pessoas que também sonhavam ser reis e elegeu uma mulher para ser sua rainha. Ela despertou-lhe a alegria de ser macho, sem deslustrar-lhe o apanágio da razão, mas liberando-lhe as emoções. Em resposta, cuidou dela como só um rei poderia cuidar, cobrindo-a com proteção e ternura, olhando-a com admiração e encantamento, embriagando-se de sua graça e beleza. Desejava que, acima de tudo, fosse feliz e que seu coração tivesse música e confiança. Procurava ser de todos um bom companheiro, amparando os necessitados e compadecendo-se dos aflitos. Ao mesmo tempo em que enxugava as lágrimas dos que choravam, colocando-se debaixo da cruz dos execrados, e lavava os pés dos *relegados da sociedade, não deixava de festejar e dançar com os que tinham motivos para se alegrar. Tomou como princípio nunca ceder diante da prepotência dos insolentes nem se acovardar frente aos violentos. Era íntegro e inteiro e homem de paz. Forte sem ser duro, tinha caráter sem ser grosseiro ou refratário. A ninguém julgava nem mesmo quando a opinião pública já o tivesse incriminado. Queria ajudar, negava-se a condenar. Não se achava diferente dos demais, nem queria ser superior aos seus semelhantes. Pelo contrário, confessava-se frágil e sempre aprendiz da nobre arte de viver.*

Pensava que sua vida era como um rio que tinha que correr em direção ao mar e que certamente encontraria, neste mar, o reino que buscava. Mergulhando nele, perder-se-ia para encontrar-se, deixando, então, de ser um pequeno rio para poder abraçar a imensa riqueza de todos os rios.

Certo dia, muito antes de realizar seu sonho de ser rei e de sentir apagar-se para sempre a estrela que o guiava pelos caminhos, descobriu que a irmã morte lhe tomava a mão. E, ao seu contato, descobriu, não! Os outros descobriram que estava morrendo um homem cheio de humanidade, um homem que não sabia que, na verdade, tinha sido um grande rei.

Pois no íntimo o ser humano sabe quais são os valores essenciais, eles se manifestam na existência concreta e relacional, na coexistência, e elevam a dignidade humana, dão sentido à vida e revelam em cada um os sinais inalienáveis da sua integridade e transcendência. Sua vivência – ser no mundo –, e expressão na conduta histórica – convivência –, enaltecem o humano e permitem reconhecer em cada pessoa, superando os preconceitos e diferenças culturais, a essência da humanidade e a plenitude a que cada homem e mulher são chamados a viver.

Como valores universais, significativos em todas as culturas, não deverão ser entendidos como códigos de comportamento moral, tampouco como algo abstrato e alheio ao ser humano, mas como fonte e essência da humanidade que se traduzem em atitudes e comportamentos. Trata-se, portanto, de valores éticos que transcendem os costumes e tradições peculiares a cada povo, estes sim, valores morais. Podem ser chamados de éticos porque contribuem para tornar melhor o ambiente – o *ethos* –, a moradia humana que está em processo de construção, tornando-o prazeroso, fecundo, harmônico, um lar onde há equilíbrio homem-ambiente.

Está, portanto, a ética além da moral. A moral, como diz Boff, representa o conjunto de normas criadas e validadas pela sociedade e a ética corporifica um conjunto de atitudes que vão além dos atos normatizados. Pela ética pode-se até rejeitar e abandonar prescrições morais, que se tornaram obsoletas e se permitir corajosamente assumir outras posturas que conduzam ao serviço à humanidade.

Isto requer uma atitude de abertura aos valores presentes em todas as culturas, a tudo o que se relaciona com a vida em qualquer parte do mundo.

Que valores, então, deverão estar presentes no processo educativo? Quais contribuirão para a antecipação da utopia? Quais definirão a cultura ideal? Entendemos como cultura um complexo conjunto de comportamentos, hábitos, conhecimentos, costumes, artes, convicções e atitudes que foram adquiridos e desenvolvidos pelas pessoas e grupos e que, por si, dão sentido à vida na sociedade em que participam. Então, a cultura necessária é aquela onde se fazem presentes o respeito aos outros, o afeto e a hospitalidade, a tolerância para com o diferente, a humildade, abertura e transparência, o entusiasmo pela vida, enfim virtudes que possibilitarão a pedagogia ser um instrumento de renovação e libertação.

Não se trata de criar um rol de valores e ministrá-los como conteúdo disciplinar, mas sensibilizar a partir de exemplos que tais valores podem nos ajudar a viver e a conviver de maneira mais saudável e fazer desse mundo um espaço de ser feliz.

Será a partir desse enfoque na educação que se desenvolverá uma nova consciência de cidadania, de interdependência e de respeito aos direitos e deveres de todos.

Seus efeitos serão mais que uma solidariedade individual entre pessoas que podem fazer algo e outras dependentes de gestos solidários, mas uma construção coletiva e organizada, direcionada para projetos concretos com foco no bem comum e não em ações individualistas e assistencialistas incapazes de transformar.

Ao assim proceder, o ser humano será capaz de romper com o modelo de competição individualista e estabelecer uma conduta cooperativa, isto é, um modo de viver a vida em todas as suas dimensões.

A relação de interdependência e a consciência da igualdade entre todos e do destino comum da humanidade deverá desenvolver a virtude do respeito e da tolerância para com o outro. Em uma sociedade plural é preciso educar, maciça e continuamente, para que a tolerância seja um valor permanente a fim de não só ultrapassar os preconceitos, mas de aprender com a diversidade.

Isto somente será possível se a relação for dialógica, de abertura e respeito à integridade e dignidade do outro e aceitação do seu valor como humano, capaz de contribuir igualmente na mesma busca e, sobretudo, na conjugação dos esforços em um processo cooperativo para que todos juntos encontremos soluções e respostas às inquietações e aflições humanas.

Educar, assim, significa despertar e desenvolver essa essência espiritual do ser humano. Não se trata de despertar o sentimento de religião, antes, de cultivar a convicção de que nesse mundo o homem se destaca pela sua capacidade de amar e é nesse caminho de amor, compaixão, solidariedade que é possível experimentar a sabedoria que o faz transcender e superar a lógica perversa do egocentrismo, da ambição desmedida e competição que aniquila a sua dignidade primordial.

Para que não se corra o risco de considerar que tais valores são demasiadamente ingênuos e românticos em um mundo dominado por tantos contravalores é preciso também considerar como valor o discernimento e a consciência crítica para analisar e conhecer o mundo, as reais causas das situações existentes, as ideologias que estão por trás de cada decisão e seus efeitos na vida de cada pessoa e seus impactos no planeta.

Isso me faz lembrar uma estória da tradição sufi que diz o seguinte:

> *Na Antiguidade um rei da Tartária foi pescar acompanhado pelos nobres da corte. No caminho cruzaram com um abdal (um sufi errante, "um transformado"), que proclamava em voz alta:*
>
> *– Àquele que me der cem dinares retribuirei com um conselho que lhe será útil.*
>
> *O rei se deteve e disse:*
>
> *– Abdal, que bom conselho me dará em troca de cem dinares?*
>
> *– Senhor, primeiro ordene que me sejam dados os cem dinares, e imediatamente o aconselharei – respondeu o abdal.*
>
> *O rei assim fez, esperando dele alguma coisa realmente extraordinária. Mas o dervixe se limitou a dizer-lhe:*
>
> *– Meu conselho é: "Nunca comece nada sem ter pensado no resultado final do que for fazer".*
>
> *Ao ouvir estas palavras, não só os nobres, mas todos os que estavam presentes riram com gosto, comentando que o abdal tivera razão ao tomar o cuidado de pedir o dinheiro adiantado.*
>
> *– Vocês não têm razão – objetou o rei –, em rir do excelente conselho que o abdal acaba de me dar. Certamente ninguém ignora o fato de que se deve pensar antes de fazer alguma coisa. Mas todos cometemos o erro de esquecer isso, e as consequências são trágicas. Eu dou muito valor ao conselho do dervixe.*
>
> *Procedendo de acordo com suas palavras, o rei decidiu não apenas ter o conselho sempre presente, mas mandou também escrevê-lo com letras de*

ouro nos muros do palácio e até gravá-lo em sua bandeja de prata.

Não muito mais tarde um cortesão intrigante e ambicioso concebeu a ideia de matar o rei. Para tanto, subornou o cirurgião real com a promessa de nomeá-lo primeiro-ministro se introduzisse no braço do rei uma lanceta envenenada.

Quando chegou o momento em que era necessário colher sangue do rei a bandeja de prata foi colocada sob o braço dele.

O cirurgião não pôde deixar de ler: "Nunca comece nada sem ter pensado no resultado final do que for fazer".

Depois de ler, o cirurgião se deu conta de que se fizesse o que o cortesão tinha lhe proposto, e este subisse ao trono, simplesmente o cortesão poderia mandar executá-lo imediatamente, e assim não precisaria cumprir o trato. O rei percebendo que o cirurgião estava tremendo lhe perguntou o que havia de errado com ele. E o cirurgião confessou imediatamente.

O autor do complô foi preso, e o rei perguntou aos nobres e cortesãos que estavam com ele quando o abdal deu seu conselho:

– E agora, ainda riem do dervixe?

A consciência crítica também possibilitará maior responsabilidade com relação às consequências das nossas decisões e ações e o nosso papel como agentes de transformação.

Certamente a nossa mente só vê o que está preparada para ver, isto é, está condicionada; então, é preciso libertar o ser humano destes grilhões, tomando consciência desses condicionamentos que o impedem de ser pleno. A educação é responsável por resgatar a inteireza humana a fim de se atingir esse objetivo. Para tanto, precisamos ampliar o nosso olhar a fim de abrirmos caminho para a evolução da humanidade.

11

Cada ponto de vista é visto de um ponto

Nas coisas essenciais, a unidade;
nas coisas não essenciais, a liberdade;
em todas as coisas, a caridade.
Santo Agostinho

Certa vez, em uma roda de conversa, provoquei algumas pessoas de diferentes profissões e que exercem funções de liderança em diversas organizações. Quis saber como na história de cada uma, em especial na área profissional, a questão dos valores se fez presente. Os nomes são fictícios, respeitando a privacidade dos participantes.

Teresa iniciou dizendo:

– O que a gente é no trabalho é um reflexo do que a gente é na nossa vida pessoal. Ninguém consegue fingir ser o que não é, não por muito tempo. Minha família e minha formação escolar me passaram valores morais e cristãos que aplico na minha profissão, sobretudo nas decisões difíceis que tive que tomar, como por exemplo, quando deixei uma empresa porque não tinha os mesmos padrões que eu e perdi meu pai em seguida; quando resolvi ser dona do meu nariz e pedi demissão de uma empresa que acenava uma carreira que eu não queria para mim...

Logo, Renata emendou afirmando que a questão de valores é uma constante em sua vida e que, para ela, não há separação entre vida pessoal e profissional. A cada ação, decisão, atitude e situação, é preciso saber escolher as alternativas sempre baseadas em valores éticos. E completou:

– Hoje, nas organizações, é muito fácil se corromper e tomar decisões que visem seu interesse pessoal ou apenas o lucro da organização, em detrimento do papel social e de desenvolvedor social que a organização e nós, de recursos humanos, temos. Os valores são tênues e frágeis. Contrapor estes valores e se impor como ser humano que tem responsabilidade de mudar o social não é fácil, mas é possível. É assim que tento pautar minha vida.

Timóteo tomou a palavra para afirmar que a questão dos princípios éticos sempre se fez presente em sua vida e assim ficou reconhecido pela transparência com que tratava as questões e transitava em diferentes contextos:

– O fato de agir de acordo com os valores como respeito, integridade, sinceridade etc. – disse ele –, embora incomodando a alguns, sempre me ajudou a evoluir e a agregar à minha vida pessoas com semelhanças éticas com trocas muito evolutivas.

Paulo interveio, parabenizando os colegas, e disse:

– Minha formação como ser humano sofreu influências diretas de minha família, de origem humilde, religiosa e com senso moral muito forte. A honestidade, a transparência, a sinceridade e a administração participativa sempre foram valores que pautaram minhas ações. No campo profissional, ser administrador de pessoas, negociador sindical, trabalhar no limite e na administração de interesses patronais e profissionais, certamente foi facilitado por esses valores, o que fortaleceu, acredito, minha imagem na área empresarial.

Nisso, José Carlos concordou com o colega e acrescentou:

– Na minha vida profissional sempre procurei identificar no contexto corporativo todos aqueles valores que pudessem guardar correspondência com os obtidos na célula familiar e religiosa a que tive acesso: respeito ao próximo e aos diferentes, transparência na conduta e postura adotada, coerência com a palavra proferida, seriedade e empenho para o alcance das metas, valorização das contribuições individuais, assim como valorizar a vida e a oportunidade de contribuir com o entorno, sempre enaltecendo o ser e não o ter.

Acho que somos todos muito parecidos – disse Helena –, porque também eu em todos os momentos de minha vida fui fortemente influenciada pelos valores e princípios éticos transmitidos por meus pais. Não houve uma situação sequer, desde que comecei a andar sozinha em que não tenham se provados úteis para nortear minhas ações e fundamentar desde as mais simples às mais importantes decisões da minha vida. Devo a eles este legado, o qual, sem dúvida, me faz sentir bastante tranquila e feliz com minhas conquistas pessoais e profissionais.

Pedro acrescentou dizendo que em sua família sempre se prezou a educação em valores, embora reconheça que algumas vezes ele tenha titubeado e falhado, e nessas ocasiões percebeu que se deu mal, procura sempre agir em conformidade com a educação que recebeu.

– Pois eu – disse Leda –, já fui até demitida por causa dos meus valores, apesar do discurso de RH ser belíssimo. Mas prefiro continuar assim, fiel aos meus valores mais preciosos, não me prostituo para ser beneficiada e durmo tranquila, pois sei que tenho uma prática coerente com o que acredito.

– Concordo com você, Leda – disse Ana Maria –, os valores que aprendi em casa são meu rumo, meu norte e a forma que encontro para sobreviver às dificuldades encontradas na empresa, nem sempre ética e humana. É assim que consigo exercer minha profissão de forma honesta, justa e procurando em cada atividade que desenvolvo promover o bem-estar e o crescimento da minha equipe.

– Interessante registrar – prosseguiu Renato –, que de modo geral todos recebemos uma sólida formação em valores. Também para mim, recebi dos meus pais, minha família e as escolas que cursei. Na minha época a educação tinha forte preocupação em cultivar princípios e valores. Ingressei no mercado de trabalho através de uma empresa estatal, o que ajudou a solidificar no jovem que eu era os princípios e valores da infância. Quando comecei a dar aulas há 30 anos essa questão passou a incorporar no meu papel de educador fazendo com que não perca nenhuma oportunidade de passar para os meus alunos, exemplos, comentários e a necessidade de praticarmos os princípios éticos.

12
O meu ponto de vista

Não sou esperançoso por pura
teimosia, mas por exigência
ontológica.
Paulo Freire

Observei, então, que a base da formação em valores está na família e, a partir daí, há uma preocupação em ser coerente com os valores também no aspecto profissional, de modo que o que foi recebido em família e em alguns casos por tradições espirituais se tornou fonte e fundamento para a tomada de decisão na vida e no trabalho. Embora alguns percebam que o ambiente corporativo possa contradizer e até corromper os valores desenvolvidos, todos reconhecem que o êxito obtido se deve à vivência dos seus valores.

Quando se trata de sucesso profissional, este não é entendido no sentido restrito de crescimento econômico-financeiro, mas do reconhecimento, respeito, credibilidade obtida nas empresas, junto aos clientes, equipes e colegas de trabalho. Até porque, esses profissionais descobriram em suas trajetórias que "as relações de trabalho, são, antes de tudo, relações entre seres humanos e não podem ser medidas apenas pelo método da eficiência", como disse certa vez João Paulo II.

Compreenderam também que os melhores profissionais do mundo dos negócios são aqueles que têm uma visão clara sobre o que estão fazendo, sabem bem quem são e estão sempre abertos a novas oportunidades. Assim, tornam-se mais "competitivos" justamente quando não competem e, desenvolvendo as suas virtudes, obtêm a vitória.

O mundo corporativo exige comportamentos que contribuam para a melhoria das empresas, da sociedade e de todas as pessoas envolvidas nos negócios. Todas as mudanças que estão ocorrendo no mundo estão obrigando as empresas a reverem os seus valores, culturas e políticas de modo geral. Estas mudanças, cada vez mais velozes e turbulentas, também fazem com que as pessoas percam suas próprias referências e exigem novas aprendizagens, principalmente para os líderes.

Exige aprender, por exemplo, que a realização dos empregados, a criação de um bom ambiente para se trabalhar e a responsabilidade social se tornaram caminhos para obtenção de melhores resultados e que não há outro senão o da ética e da consolidação dos valores humanos na gestão.

As empresas estão percebendo que a única maneira de construir uma imagem positiva e obter vantagem competitiva no mercado é através do investimento nas pessoas.

Como já foi sinalizado, esta é a era dos paradoxos: exige-se espírito de equipe e se estimula o individualismo; clama-se por solidariedade e responsabilidade social e se investe no consumismo estéril e fútil; fala-se de alianças e parcerias como caminho para o desenvolvimento e se estimula a competição predatória; anseia-se por liberdade e o ser humano é cada vez mais escravo, já que é incapaz de discernir e fazer suas próprias escolhas; prega-se a ética e corrompe-se o comportamento; investe-se no desenvolvimento tecnológico como via para o progresso e esvazia-se o mundo dos valores transcendentes...

O mesmo sistema que corrói o caráter das pessoas e tão presente no mundo corporativo também corrói as bases da família, onde até o momento tem sido considerado o berço da formação em valores. A deterioração do sistema, a degradação do humano começa também lá onde ele nasce. Se a educação não se propuser a refletir e a aprofundar essa questão, o risco de todos nos perdermos é grande, uma vez que esse ciclo poderá se perpetuar.

Estranho é constatar que o Ensino Superior não aparece como fator contributivo no desenvolvimento da ética profissional. Sabe-se que é principalmente na universidade que são formados os profissionais responsáveis pelos negócios, serviços à sociedade e pela liderança das organizações, cidades e países. Este centro do saber também deveria ser o espaço sagrado da sabedoria, onde se pudesse formar pessoas que buscam ser mais, saber/saborear mais da verdade sobre si mesmos, sobre a vida e não só as "verdades" efêmeras do tecnicismo; entretanto, os cursos não contemplam o mínimo sequer daquilo que é mais caro para o bem comum.

Se o espaço de educação não suscitar em cada um a consciência e disciplina necessárias para o aprender e se transformar, que educação é essa?

Leia essa estória e reflita:

> *Um certo mágico estava apresentando sua arte*
> *ao sultão e já tinha conquistado o entusiasmo*

da assistência. O próprio sultão estava profundamente admirado, e exclamou:

– Deus meu, acudi-me! Que milagre, que espanto!

Mas seu vizir fê-lo parar para pensar ao dizer:

– Vossa Alteza, nenhuma maestria cai do céu. A arte do mágico é resultado de seu esforço e sua prática.

O sultão franziu a testa. O comentário do vizir tinha estragado o prazer que estava sentindo ao contemplar os atos do mágico.

– Ó, homem ingrato! Como podes pretender que tal habilidade seja fruto da prática? Pelo contrário, como eu afirmei, ou tens talento, ou não tens.

Então olhou para o vizir com desprezo e gritou:

– Tu não tens nenhum talento mesmo. Fora daqui! Para o calabouço! Lá poderás ponderar minhas palavras. E, para que não te sintas solitário, para que tenhas uma companhia da tua laia, compartilharás a cela com um bezerro.

Desde o primeiro dia de aprisionamento, o vizir começou a seguinte prática: carregar nos braços o bezerro e subir a longa escada do calabouço. Os meses passaram. O bezerro tornou-se um avantajado novilho e, com a prática diária, a força do vizir cresceu também grandemente.

Um dia, o sultão recordou do prisioneiro na masmorra. Mandou que o trouxessem a ele. Quando deitou os olhos sobre o vizir, foi dominado pelo espanto.

– Deus meu, acudi-me! Que milagre, que espanto!

O vizir, carregando o novilho nos braços esticados, respondeu com as mesmas palavras que da outra vez:

– Vossa Alteza, nenhuma maestria cai do céu. Em vossa misericórdia, concedeste-me esse animal. Minha força é resultado de meu esforço e minha prática.

13
Um olhar sobre a espiritualidade

Aqueles que estão não apenas intelectualmente presentes, mas emocional e espiritualmente presentes, se tornam mais aptos e capazes de atuar na realidade.
Rabino Nilton Bonder

Os profissionais que se destacam e se tornam referências na condução íntegra dos negócios o são pela própria busca e pela fonte segura da formação que tiveram no berço familiar e no desenvolvimento espiritual.

O cultivo da espiritualidade aparece como forte elemento responsável pelo desenvolvimento dos valores e esta é uma dimensão negligenciada na educação e se torna crítico nesse momento em que a religiosidade tem adquirido contornos mais individualistas. O que deveria unir está fragmentando cada vez mais, porque está perdendo a sua dimensão primeira: a de religar o homem ao sagrado, que significa ter uma consciência mais cósmica ou da fraternidade universal que, de modo especial, Francisco de Assis e Teilhard de Chardin pregaram e viveram.

São esses valores que contribuem para que os relacionamentos humanos sejam autênticos, sólidos, fecundos e que permitem às pessoas conhecerem a si mesmas e se descobrirem como seres espirituais fecundando a terra, enquanto por aqui passeamos.

Se pretendemos transformar a sociedade e as organizações, em vista de um modelo onde prevaleçam relações justas, fraternas e a interação e integração entre todos, incluindo o meio ambiente, para alcançar o bem comum, é preciso tomarmos consciência que o único agente capaz de realizar essa transformação não é a tecnologia e tampouco novos modelos de gestão, e sim o ser humano, porém um ser que seja verdadeiramente humano.

Essa falta de consciência faz com que muitas vezes a ação seja fragmentada e até mesmo irresponsável. Quando não se percebe a conexão e a interdependência de todas as coisas, a ação pode se tornar binária – ou é isso ou aquilo –, e inconsequente. Só a complexidade nos faz perceber a importância da complementaridade e promover a compreensão, a cooperação e integração das diferenças.

É preciso, portanto, ampliar o olhar; só assim seremos mais conscientes de nossas responsabilidades no mundo para utilizarmos adequadamente a tecnologia, a informação e os recursos para o próprio desenvolvimento e da sociedade, sem mutilarmos o planeta.

Por isso defendo que é preciso um grande investimento na educação da "alma" a fim de despertar e desenvolver a consciência humana, sob pena de se colocar em risco toda a humanidade.

Como disse Roberto Crema:

Os antigos afirmavam que o ser humano ainda não nasceu; estamos sendo uma possibilidade, um potencial de florescimento. Se nós investirmos, com persistência e disciplina, na dimensão do corpo, da alma e do coração, em algum momento justo do caminho poderemos nos tornar seres humanos plenos. A questão é: O que temos feito nesse sentido? Quando é que eu inclinei o meu coração para aprender quem realmente eu sou? Estou disposto a enfrentar o desafio da autoria, da alteridade? Estou disposto a enfrentar um bom combate e nadar contra a correnteza da normose? Se quer saber quem são os verdadeiros seres humanos, estude as existências dos seres humanos plenos, popularmente conhecidos como santos. É preciso estudar seres humanos que deram certo.

Quais são as referências hoje para se estudar liderança? Quais são os modelos que podem inspirar novos agentes de transformação senão Gandhi, Mandela, Martin Luther King, Teresa de Calcutá entre outros?

A espiritualidade que tanto tem contribuído para o desenvolvimento do caráter e proporcionar um sentido à existência precisa ser impregnada na educação, inclusive na formação superior e corporativa, de modo a permitir ao ser humano descobrir-se como ser transcendente e, assim, tornar-se ele mesmo um servidor da humanidade.

Não se pode conceber a espiritualidade em um sentido restrito de práticas religiosas, isso levaria ao mesmo reducionismo do paradigma da simplicidade. A concepção de espiritualidade proposta é uma disposição interior, um clima de relação com o Sagrado e com os outros, uma atitude ou o espírito com que se planeja e se vive a existência.

No entanto, é bom lembrar que é a vida em sua inteireza, em sua totalidade nas dimensões física, mental, emocional, espiritual, em suas relações sócio-político-econômicas e culturais. Portanto, falo de uma espiritualidade "pé no chão" que inclui a dimensão terrena e a transcendente. Desse modo, toda a existência humana deve ser uma experiência espiritual.

Por isso que a espiritualidade começa com o senso de gratidão pela dádiva da vida e por estarmos aqui passeando no jardim do Éden deste planeta.

Aquele que não tem nome e a tudo e a todos transcende não pode ser circunscrito aos nomes que lhe damos nem entendido como reflexo de nós mesmos. Compreender a espiritualidade como forma de viver, como maneira de agir e estar no mundo e que não se pode separar a vida de cada ser da sociedade e do cosmos é captar a transcendência de tal modo que a vida fique comprometida em seu agir, pensar, trabalhar, divertir, relacionar-se etc. Entender o caminho espiritual como o caminho da consciência de que o Transcendente escolheu o ser humano como sua morada é tomar consciência da suprema dignidade humana, da condição de igualdade entre todos os humanos e ampliar a própria consciência para uma fraternidade universal.

A dimensão espiritual, desta maneira, poderá ser desenvolvida, sem se restringir e sem ferir as crenças. Ao contrário, acreditando que o Espírito, que recebe nomes diferentes, mas é sempre o mesmo e sopra onde quer, também revela a sua riqueza infinita na diversidade das culturas e dos talentos de cada pessoa.

Educar é contribuir para essa descoberta: ver a si mesmo, respeitar-se como templo do Sagrado Mistério, que se revela como Amor Infinito e que, para nós cristãos, se manifestou plenamente na pessoa de Jesus de Nazaré, e ver e respeitar cada ser igualmente como expressão d'Aquele que É.

Encontramos o mesmo princípio em outras tradições espirituais. Na Índia, o educador Sri Sathya Sai Baba tornou-se uma referência ao desenvolver um modelo de educação em valores ao constatar que o sistema de ensino formava doutores, mas não formava o caráter e, segundo as suas palavras, educação é para a vida e não para um mero meio de vida.

Assim dizia:

> *Não atentem para as diferenças de casta, credo, cor, comunidades, nacionalidades e religiões. A verdadeira educação visa a equanimidade entre os estudantes. As religiões podem ser diferentes, mas o caminho é um. Os seres humanos podem ser diferentes, mas a divindade no homem é uma. São muitas as nações, mas o planeta é único. As estrelas são muitas, mas o céu é único. Os homens são muitos, mas a respiração é única. As flores são muitas, mas a veneração é única. Todos são um; sejam da mesma maneira com todos. Vocês precisam praticar estas verdades e ajudar outros a praticarem isto na sua vida diária.*

Hans Küng, renomado teólogo católico, comenta:

> *Não obstante, apesar de todas as diferenças de crença, de doutrina e de ritos, também podemos perceber semelhanças, convergências e concor-*

dâncias. Não só porque em todas as culturas os homens se confrontam com as mesmas grandes questões – as questões primordiais sobre a origem e sobre o destino: o "de onde" e o "para onde" do mundo e do homem; sobre como superar o sofrimento e a culpa; sobre os padrões do viver e do agir; sobre o sentido da vida e da morte –, mas também porque nas diferentes culturas muitas vezes os homens obtêm de suas religiões respostas semelhantes. Na verdade, todas as religiões são também mensagem e caminho de salvação. Afinal de contas, todas elas transmitem, por meio da fé, uma visão da vida, uma atitude perante a vida e uma norma para o bem-viver.

Em tempos de intolerância religiosa e de tanto preconceito, precisamos mostrar o valor presente em todas as tradições e como somos, no fundo, tão parecidos. Enquanto o foco está nas diferenças, que são superficiais, colaboramos para o afastamento entre as pessoas e contradizemos os princípios que afirmamos seguir.

Ora, há dois mil anos o Apóstolo João já criticava essa postura, dizendo: *"Se alguém declarar: 'Eu amo a Deus!', porém odiar a seu irmão, é mentiroso, porquanto quem não ama seu irmão, a quem vê, não pode amar a Deus, a quem não enxerga"* (1Jo 4,20).

Outros pontos de vista sobre a formação profissional:

Queremos esta educação pela qual o caráter é formado, a força de espírito é desenvolvida, a inteligência desabrocha e graças à qual se poderá mais adiante manter-se ereto sobre seus próprios pés (Vivekananda).

Quando provoquei, na roda de conversa, sobre como o modelo de formação profissional contribui ou não para o bom desempenho das pessoas e organizações, as reações foram essas:

Paulo logo disse que o modelo que deve ser seguido é o voltado para o desenvolvimento das competências e para a geração do conhecimento, pois assim se formará profissionais com uma visão maior, mas bem-direcionados e que poderão andar na frente da necessidade, valorizando a eficácia e não apenas a eficiência.

José Carlos, porém, ponderou:

– Penso ser esse modelo controverso e tendencioso porque a excessiva estimulação pela busca da produtividade e do sucesso individual pode levar muitas vezes o profissional a abrir mão de seus princípios morais e éticos em que baseou a sua formação para colocar o foco no ganho pessoal.

Helena interveio e disse:

– Percebo que a competitividade que permeia as relações profissionais no mundo de hoje se faz presente desde muito cedo na vida dos adolescentes e jovens. Isso é passado na formação profissional de uma forma tão profunda que estes jovens não têm mais a oportunidade de parar e pensar num ideal de vida e trabalho e sim no que lhes dará sucesso profissional mais rápido. Vão por água abaixo os sonhos e as aptidões. A formação profissional ganha a roupagem de preparar bons competidores, bons negociadores e até bons bajuladores. Perdem as organizações, não só em competência técnica e científica, mas em ética e respeito.

– Concordo – disse Pedro –, mas acredito que devemos separar duas situações na formação: a primeira, técnica, onde entendo que há uma razoável para boa formação. Possuímos boas universidades que formam profissionais capacitados tecnicamente e faculdades ruins que despejam profissionais medíocres no mercado. A segunda é que tenho certeza que na área comportamental nossa formação não é legal. Existem muitos problemas e o aspecto comportamental é deixado em segundo plano, o que é uma distorção dos educadores e executivos que têm poder de decisão.

– É por isso que eu digo – falou Leda –, que nosso modelo está longe de formar para o mercado. Muita teoria do que realmente acontece. As faculdades não preparam nada, formação e mercado estão na contramão.

– De fato – complementou Renato –, a formação está longe das escolas e universidades. O indivíduo precisa muito mais do que formação acadêmica. Precisa de experiência de vida, de se expor a situações diversas e adversas para potencializar os seus pontos fortes e vencer as fraquezas. Para isso precisa estar em constante busca de conhecimento e troca de experiências. As organizações ficam valorizando os diplomas, MBAs etc. como se isso bastasse para qualificar alguém.

Teresa comentou que ao serem jogadas no mercado, sem preparo e sem uma clara visão de futuro do seu propósito, as pessoas ficam perdidas, e pela falta de um referencial, o sucesso, quando acontece, pode ser obra do acaso.

Ao que Renata logo interveio para concordar com Teresa, enfatizando que, além da formação não preparar tecnicamente para o mercado em constante mudança, não valoriza o ser humano como tal.

Nesse momento, Timóteo disse:

– A base da nossa formação são valores, e não há isso na formação profissional. Vivemos um sistema falido. As empresas têm de suprir a deficiência para terem profissionais alinhados ao negócio, para isso deveriam ter educadores devidamente capacitados para diagnóstico e mapeamento das suas necessidades, tendo em vista não só a *learning organization*, mas o trabalhar a base de valores pessoais e organizacionais, além das lacunas nas suas diversas inteligências.

– É verdade – assentiu Ana Maria –, não basta ter excelente formação acadêmica. Isso ajuda bastante no início da carreira, mas o profissional não evolui se não desenvolve algumas habilidades como capacidade de interagir em equipe, jogo de cintura e capacidade de superação constante.

Para mim fica muito claro que o problema está no paradigma mecanicista denunciado por Morin e que gera todos esses efeitos. O desenvolvimento poderia ser muito mais amplo para o profissional, para as organizações e a sociedade se a abordagem fosse complexa e transdisciplinar.

Há mais capacitação técnica do que propriamente educação. Diante dos grandes desafios que vivemos em nossa sociedade, podemos afirmar que estamos caminhando na contramão.

Como humanizar as organizações se não se contempla no processo educativo todos os aspectos que são capazes de transformar as pessoas, desenvolvendo o autoconhecimento, a inteligência emocional e espiritual?

Considerando que as empresas para se tornarem bem-sucedidas necessitam desenvolver uma sólida cultura baseada em valores igualmente sólidos que lhes permitam enfrentar as turbulências do mercado, como criar parcerias, alcançar comprometimento dos colaboradores e credibilidade junto à comunidade se não mudar o modo de pensar dos dirigentes e lideranças organizacionais?

É preciso transformar tudo, desde a nossa percepção à maneira como entendemos e processamos os nossos pensamentos, até o processo produtivo e a organização, o que significa reestruturar os sistemas com base nos valores.

Ao provocar a reflexão sobre possíveis contradições que o sistema gera, houve um certo lamento e inquietação ao assumir as incoerências.

Algumas pessoas até afirmaram que se sentem prostituídas porque trabalham em determinados locais porque precisam do dinheiro, enquanto alguns reconhecem que, como humanos, somos frágeis e sujeitos às condições postas ou até impostas, e outros ainda, até assumem, com naturalidade, a "normose" dentro do que é possível flexibilizar para se manter empregado ou porque não veem outra saída.

Predomina o drama de consciência e o sofrimento por não poder, em muitas organizações, viver em conformidade com os valores:

– Passo por um processo de extrema violência psicológica, moral e emocional, de consequências lesivas e muito sofridas, gerador de dramas de consciência e tudo em nome da necessidade de sobreviver nesse ambiente competitivo, mas não sei até quando – disse José Carlos.

– Para mim – comentou Helena –, se o sistema valorizar mais o que, para nós, significa um distanciamento dos nossos princípios e valores mais caros, não tem meio-termo: ou aceitamos abrir mão para obter reconhecimento e crescimento profissional ou não aceitamos e seremos expulsos pelo próprio sistema. É impiedoso!

Ao conviver com chefes arrogantes e ouvir tantas histórias sobre pessoas prepotentes lembrei-me de uma estória que li em um precioso livro da sabedoria persa do século XII, chamado *A Conferência dos Pássaros*, do poeta Farid Ud-Din Attar.

> *Conta-se que um rei construiu um palácio que lhe custou cem mil dinares. Adornado por fora de torres e cúpulas douradas, era por dentro um paraíso, graças aos móveis e tapetes. Concluída a construção, o rei convidou homens de todos os países para visitá-lo. Os convidados chegaram carregados de presentes, e o rei os fez sentarem-se ao seu lado. Em seguida, rogou-lhes:*
>
> *– Dizei-me o que achais do meu palácio. Esqueceu-se, acaso, de alguma coisa cuja falta lhe desfigura a beleza?*
>
> *Todos protestaram que nunca existira na terra um palácio igual e que nunca se veria outro semelhante. Isto é, todos menos um, um sábio, que se levantou e disse:*
>
> *– Existe, senhor, uma pequena rachadura que, para mim, constitui um defeito. Não fora esse defeito e o próprio paraíso vos traria presentes do mundo invisível.*
>
> *– Não vejo defeito nenhum – volveu o rei colérico. – És um ignorante e só queres fazer-te importante.*

– Não, orgulhoso rei – revidou o sábio –, a fresta a que me refiro é a mesma pela qual passará Azrael, o anjo da morte. Prouvera a Deus que pudésseis fechá-la, pois, do contrário, para que prestam o teu palácio magnífico, a tua coroa e o teu trono? Quando a morte chegar, eles não passarão de um punhado de pó. Nada subsiste, e é isso que estraga a beleza da vossa morada. Nenhuma arte poderá tornar estável o instável. Ah! Não depositeis vossas esperanças de felicidade num palácio! Não deixeis caracolar o corcel do vosso orgulho. Se ninguém se atreve a falar com franqueza ao rei e lembrar-lhe as suas faltas, isso é uma grande infelicidade.

Felizmente alguns puderam contribuir e promover mudanças, nem sempre com facilidade, porém com determinação conseguiram influenciar e outros admitem que não encontraram problemas mais sérios. No entanto, todos assumem que a falta de consciência crítica capaz de ajudar a discernir e melhor compreender as mensagens que a todo momento são despejadas sobre nós, faz com que nos deixemos influenciar inconscientemente pelos contravalores e sem perceber abrimos mão do que é mais caro, correndo o risco de ter o nosso caráter corroído.

Somente uma sólida educação em valores poderá fortalecer as convicções, promover a consciência crítica para superar as debilidades que levam às contradições, de modo a reduzi-las para que o caminho em direção à utopia seja menos espinhoso.

Embora o problema seja complexo, é preciso refletir sobre como as ideologias condicionam o indivíduo a ponto de fazer com que os propósitos mais íntegros sejam esquecidos para que não se perca o lugar na sociedade.

Em 1970 o Papa Paulo VI já advertia:

> *Existem ainda outros graves perigos que ameaçam o homem de hoje por causa das estruturas características da sociedade industrializada: a manipulação crescente do homem e o nascimento de uma sociedade sem alma, capaz de abafar as culturas e as mais altas expressões do espírito humano. Dentro da sociedade tecnológica, o homem não consegue escapar do dilema: ou ele se adapta, sem resistir, aceitando ser condicionado em seu comportamento pelo ambiente no qual vive, ou se recusa, correndo o risco de ficar no isolamento completo. A sobrevivência da cultura de cada povo, expressão da autêntica riqueza humana, está em perigo pela mentalidade tecnológica, pela predominância da civilização científica e técnica, que põe obstáculos aos valores contemplativos sob todas as suas formas.*

Acrescentem-se a esses dilemas os conflitos gerados pelas diversas formas de constrangimento, assédio moral e sexual, injustiças, explorações, humilhações, além do trabalho escravo a que se sujeitam muitos trabalhadores, que levou o poeta Paulo Cesar Pinheiro a denunciar: *Ah! Mas que agonia o canto do trabalhador! Este canto, que devia ser um canto de alegria, soa apenas como um soluçar de dor.*

Atuando como facilitador em desenvolvimento de equipes e lideranças em diversas organizações, tenho buscado resgatar os valores mais significativos da vida dos participantes, e sempre emergem como o que dá sentido à vida valores como fraternidade, solidariedade, amizade, cooperação, harmonia, respeito, geração de vida, amor, humildade, compreensão, justiça, família e outros nessa mesma linha. Na história de cada um é possível constatar que os momentos de plenitude são aqueles marcados por tais valores. No entanto, as pessoas não planejam suas vidas a partir dos seus valores; se assim o fizessem, escolheriam a profissão como uma resposta à vocação e desenvolveriam suas potencialidades para cumprir a missão colocando-se a serviço do bem comum e assim encontrariam o sentido da vida.

Mas, quantos escolhem a profissão por outros motivos e são formados como máquinas, especialistas inconscientes de sua missão no mundo?

Você sabe que como políticas corporativas e algumas culturas organizacionais, associadas a outros fatores, contribuem para que os valores que deveriam ser o alicerce se tornem palavras ao vento. Deixamos de ser solidários para sermos competidores, deixamos de ser fraternos e cooperativos e nos tornamos egoístas, insensíveis e injustos.

Ao adotar a pedagogia da cooperação como princípio educativo, observo o quanto podemos contribuir para a transformação com recursos pedagógicos adequados e mudar o modelo mental das pessoas.

Ao contrário do mito da competição que é divulgado como meio de sobrevivência, existem muitos estudos que confirmam a essência cooperativa do ser humano. Felizmente, quando o indivíduo desperta a sua consciência cria a possibilidade de mudar o comportamento. Lembro-me das palavras de Lao-Tsé: *Aquele que vence outros homens é forte, porém aquele que vence a si mesmo é todo-poderoso.*

Pois é certo que se conhecer permite ao ser humano assumir conscientemente a responsabilidade pela autoria de suas ações e, quando a educação contribui para isso, pode-se afirmar que está formando sujeitos e não objetos.

Entender que o profissional é este sujeito com sonhos, esperanças, sentimentos, angústias, sofrimentos e anseios de plenitude é possibilitar que ele se realize. O mundo do trabalho é o espaço da realização humana, por isso precisa ser humanizado. E se os negócios se basearem na confiança e nos benefícios mútuos, os resultados serão satisfatórios para todos. Se, ao contrário, for entendido como espaço de competição, o resultado poderá ser um ambiente desumano.

Nesta época que se cobra a responsabilidade social das empresas, não só seus dirigentes, como todos os profissionais precisam repensar suas atitudes.

14
Responsabilidade social
O olhar de quem cuida

Pois que adianta ao homem ganhar o mundo inteiro e perder a sua alma?
Mc 8,36

Só há uma norma pela qual uma época pode ser justamente julgada: em que medida ela permitiu o desenvolvimento da dignidade humana?
Romano Guardini

A empresa é mais que uma atividade econômica; é, antes de tudo, uma atividade dirigida por pessoas a serviço da sociedade. Portanto, o seu fim não está em si mesma, o que exige um caráter humano nas organizações.

A existência humana dependerá da capacidade de nos compreendermos dentro de uma grande teia. A consciência de interdependência que o paradigma da complexidade apresenta amplia a percepção para se compreender melhor a conexão com o outro e com a comunidade onde está inserido e desperta para uma consciência ainda mais ampla: a planetária, de que todos participamos de um destino comum e habitamos uma mesma e única casa de um grande condomínio, o universo.

A nossa ação será sempre localizada, mas a sua repercussão terá sempre dimensões planetárias. Tudo se conecta no tempo e no espaço. As ações não são fatos isolados e sempre terão efeitos na vida de todos.

Nesse tempo em que as organizações, ainda que pressionadas, começam a despertar e a se mobilizar para sua responsabilidade social, que, em última instância, deve ser entendida como o cuidado para com a vida, é preciso lembrar a todo momento a responsabilidade de cada um. Como nessa estória:

> *Era uma vez um jovem que recebeu do rei a tarefa de levar uma mensagem e alguns diamantes a um outro rei de uma terra distante. Recebeu também o melhor cavalo do reino para levá-lo na jornada.*
> *– Cuida do mais importante e cumprirás a missão! Disse o soberano ao se despedir.*
> *Assim, o jovem preparou o seu alforje, escondeu a mensagem na bainha da calça e colocou as pedras numa bolsa de couro amarrada à cintura, sob as vestes. Pela manhã, bem cedo, sumiu no horizonte. E não pensava sequer em falhar. Queria que todo o reino soubesse que era um nobre e valente rapaz, pronto para desposar a princesa. Aliás, esse era o seu sonho e parecia que a princesa correspondia às suas esperanças. Para cumprir rapidamente a sua tarefa, por vezes deixava a estrada e pegava atalhos que sacrificavam sua montaria. Assim, exigia o máximo do ani-*

mal. Quando parava em uma estalagem, deixava o cavalo ao relento, não lhe aliviava da sela e nem da carga, tampouco se preocupava em dar-lhe de beber ou providenciar alguma ração.

– Assim, meu jovem, acabarás perdendo o animal, disse alguém.

– Não me importo, respondeu ele. Tenho dinheiro. Se este morrer, compro outro. Nenhuma falta fará.

Com o passar dos dias e sob tamanho esforço, o pobre animal, não suportando mais os maus-tratos, caiu morto na estrada. O jovem simplesmente o amaldiçoou e seguiu o caminho a pé.

Acontece que nesta parte do país havia poucas fazendas e eram muito distantes umas das outras. Passadas algumas horas, ele se deu conta da falta que lhe fazia o animal. Estava exausto e sedento. Já havia deixado pelo caminho toda a tralha, com exceção das pedras, pois lembrava da recomendação do rei: "cuide do mais importante!" Seu passo se tornou curto e lento. As paradas se tornaram frequentes e longas. Como sabia que poderia cair a qualquer momento e temendo ser assaltado, escondeu as pedras no salto de sua bota. Mais tarde caiu exausto no pé da estrada, onde ficou desacordado. Para a sua sorte, uma caravana de mercadores, que seguia viagem para o seu reino, o encontrou e cuidou dele.

Ao recobrar os sentidos, encontrou-se de volta em sua cidade. Imediatamente foi ter com o rei para contar o que havia acontecido e com a maior desfaçatez colocou toda a culpa do insucesso nas costas do cavalo "fraco e doente" que recebera.

> – *Porém, majestade, conforme me recomendaste "cuidar do mais importante", aqui estão as pedras que me confiaste. Devolvo-as a ti, não perdi uma sequer. O rei as recebeu de suas mãos com tristeza e o despediu, mostrando completa frieza diante dos seus argumentos. Abatido, o jovem deixou o palácio arrasado. Em casa, ao tirar a roupa suja, encontrou na bainha da calça a mensagem do rei, que dizia:*
>
> – *Ao meu irmão, rei da terra do Norte. O jovem que te envio é candidato a casar com a minha filha. Esta jornada é uma prova. Dei a ele alguns diamantes e um bom cavalo. Recomendei que cuidasse do mais importante. Faz-me, portanto, este grande favor e verifique o estado do cavalo. Se o animal estiver forte e viçoso, saberei que o jovem aprecia a fidelidade e força de quem o auxilia na jornada. Se, porém, perder o animal e apenas guardar as pedras, não será um bom marido nem rei, pois terá olhos apenas para o tesouro do reino e não dará importância à rainha e nem àqueles que o servem.*

A fábula, de autor desconhecido, explicita o que entendo como responsabilidade social: cuidar do mais importante. E cuidar, aqui, adquire o sentido mais profundo do termo, o de uma atitude, que é mais que um ato ou ação isolada, pois tem uma abrangência que envolve o zelo, a atenção, a responsabilidade e o afeto para o outro. Como afirma Leonardo Boff, o cuidado passa a significar o modo de ser do ser humano, revelando de maneira concreta como é o ser humano: um ser de cuidado. Sem o cuidado – o descaso – não há vida, sem o cuidado não há ser humano.

Esta dimensão também se aplica ao mundo dos negócios, o que faria nos questionar onde e identificar, portanto, o que é o mais importante a ser cuidado. Nas palavras de Boff, significa:

> Renunciar à vontade de poder que reduz tudo a objetos, desconectados da subjetividade humana. Significa recusar-se a todo despotismo e a toda dominação. Significa impor limites à obsessão pela eficácia a qualquer custo. Significa derrubar a ditadura da racionalidade fria e abstrata para dar lugar ao cuidado. Significa organizar o trabalho em sintonia com a natureza, seus ritmos e suas indicações. Significa respeitar a comunhão que todas as coisas entretêm entre si e conosco. Significa colocar o interesse coletivo da sociedade, da comunidade biótica e terrenal acima dos interesses exclusivamente humanos. Significa colocar-se junto e ao pé de cada coisa que queremos transformar para que ela não sofra, não seja desenraizada de seu habitat e possa manter as condições de desenvolver-se e coevoluir junto com seus ecossistemas e com a própria Terra.

Vemos, assim, que a responsabilidade social não pode ser entendida como uma ação filantrópica, mas, principalmente, como de ser estratégico na gestão dos negócios. Se houve um tempo em que o fator decisivo e o diferencial para o sucesso da organização era o capital e em seguida o domínio da tecnologia, hoje o grande diferencial é o ser humano e sua capacidade de ser cada vez mais plenamente humano: gerindo a sua vida como sujeito e contribuindo para o desenvolvimento dos outros e da sociedade.

A World Business Council for Sustainable Development define a *Responsabilidade Social Corporativa como o compromisso contínuo nos negócios pelo comportamento ético, pela contribuição ao desenvolvimento econômico e melhoria da qualidade de vida dos empregados, de suas famílias e da comunidade.*

O alicerce da responsabilidade social é a ética: ao aliar a conduta ética às competências técnicas, as empresas conquistam o respeito, a admiração e preferência dos clientes.

Observamos, ainda, que não deve se tratar apenas de "ações generosas do empresariado" e de alguns voluntários, antes se trata de uma crescente consciência e reivindicação da sociedade e um fenômeno mundial. A cada dia pessoas mais conscientes dos seus direitos e conscientes da destruição dos ecossistemas, da elevação da concentração de renda, da vergonhosa desigualdade social, da dissolução da família e de outras questões relativas ao trabalho e à qualidade de vida, pressionam as organizações, de muitos modos, para que assumam o seu papel de cidadãs. Nesse novo contexto, assumir esse papel é fator decisivo para a sobrevivência no mercado.

Assim afirma Richard Barrett:

> *Estamos enfrentando uma situação em que as crescentes desigualdades e o aumento do desemprego estão criando desintegração social em âmbito mundial e na qual o aumento de consumo dos recursos naturais da Terra e a poluição crescente estão destruindo nosso meio ambiente global. À medida que o século XXI se aproxima, a questão da sobrevivência se torna mais presen-*

te. A autocracia corporativa e o atual sistema de valores do mercado livre estão destruindo os sistemas que sustentam a vida do planeta e condenando centenas de milhões de pessoas à pobreza. Estamos vivendo num mundo onde os recursos naturais da Terra estão sendo saqueados por lucros corporativos e onde o lixo tóxico de nossas fábricas está fazendo com que as espécies sejam extintas num ritmo mais veloz que antes. A destruição ambiental e a desintegração social estão dominando as manchetes em todo o mundo.

Há uma expectativa de que a empresa seja bem-sucedida economicamente, mas há também um grande interesse no sucesso social da empresa por parte dos acionistas, clientes, funcionários, fornecedores, comunidade e governo. O melhor caminho, talvez o único, pelo qual as organizações sobreviverão, será cuidando do mais importante, isto é, assumindo inteiramente o que é econômica, social e ambientalmente melhor para o bem comum. Até porque, na perspectiva do *marketing* social, espera-se atrair clientes que venham a dar preferência a empresas que agem de forma socialmente responsável. Porque já não basta ter um bom produto ou um bom serviço, é preciso também cuidar do bem-estar dos colaboradores, cuidar do meio ambiente, ter uma boa imagem. E, comprovadamente, os empregados ficam muito mais motivados quando trabalham em empresas das quais se orgulham e muitos preferem trabalhar em empresas socialmente responsáveis.

Esta tendência é tão importante e crescente que a organização Social Accountability International criou a norma

SA 8000 para certificar as empresas que estejam norteando a sua política de gestão e responsabilidade social, a partir de princípios básicos fundamentados nas convenções da Organização Mundial do Trabalho, na Declaração Universal dos Direitos Humanos e na Convenção das Nações Unidas sobre os Direitos da Criança. Tais princípios incluem o respeito aos colaboradores no que tange à liberdade de associação, cumprimento de horário, sistema de gestão, segurança e saúde no trabalho, remuneração justa, práticas disciplinares, assim como o compromisso de não contratar trabalho infantil e trabalho forçado.

Quando afirmamos que se deve elevar a responsabilidade social à categoria de estratégia dentro da organização, queremos dizer que todas as ações organizacionais devem estar a ela relacionadas: onde instalar uma fábrica, como e quem contratar, como anunciar o produto ou serviço, como se relacionar com os fornecedores, clientes, órgãos governamentais etc., queremos dizer também que devemos repensar as ações filantrópicas assistencialistas de "dar o peixe" e através de um novo modelo de gestão e de ações estratégicas criar condições para que todos – como sujeitos ativos – aprendam a pescar. Isso impacta definitivamente o modo de ser do cidadão e da empresa. Por exemplo, podemos encontrar "bem-intencionados" que contribuem sistematicamente com entidades, escolas etc., entretanto não investem no desenvolvimento dos colaboradores.

Não significa, entretanto, que ações pontuais e o assistencialismo tenham que ser eliminados, ao contrário, em uma sociedade onde, lamentavelmente, a miséria está presente, o assistencialismo pode ser a salvação da vida de milhares de pessoas. Como dizia o Betinho: "Quem tem fome, tem pressa". No entanto, se quisermos um outro tipo de sociedade, se pretendemos a transformação social, é fundamental que haja uma mobilização e participação de todos e nas organizações a ação social assuma o caráter estratégico: valorizando a cidadania e resgatando a dignidade humana. Mobilizar as pessoas para que assumam a sua cidadania e mobilizar as instituições para que juntos, governo, empresas e organizações do Terceiro Setor, através de alianças e parcerias estratégicas, possam oferecer soluções concretas para os problemas que afligem a sociedade.

Ora, em meu entendimento, isso exige um outro modelo de gestão. Se não houver uma gestão participativa, valorização dos colaboradores, uma cultura onde o respeito, a ética, os valores humanos essenciais estejam presentes, toda ação será apenas mais uma ação geradora de dependência, que não compromete e não transforma.

Para grande parte das nossas empresas, desenvolver uma cultura baseada em valores exige uma mudança na consciência organizacional, ou seja, transferir-se de uma perspectiva que está centrada no interesse próprio para uma outra cujo foco seja o bem comum.

Essa mudança envolve transformação pessoal e organizacional. Transformação pessoal porque cada pessoa deve assumir a responsabilidade por suas decisões e a postura ética é, inegavelmente, uma postura individual. Ainda que possa sofrer influência do meio e da cultura organizacional, mas, de qualquer modo, sempre será uma escolha, uma decisão pessoal e intransferível e uma marca do próprio caráter.

E transformação organizacional porque se não se construir uma cultura sedimentada em valores consistentes, e se buscar o lucro imediato e a qualquer preço, a organização não sobreviverá. Este caráter da empresa se revelará na maneira como os colaboradores são tratados, em quão saudável é o ambiente de trabalho, na transparência da comunicação, na satisfação dos clientes, na relação sinérgica entre os parceiros e no retorno aos acionistas, além do cuidado para com o meio ambiente e apoio ao desenvolvimento da comunidade onde a empresa está inserida.

Assim, como na fábula: *Faz-me, portanto, este grande favor e verifique o estado do cavalo. Se o animal estiver forte e viçoso, saberei que o jovem aprecia a fidelidade e força de quem o auxilia na jornada. Se, porém, perder o animal e apenas guardar as pedras, não será um bom marido nem rei, pois terá olhos apenas para o tesouro do reino e não dará importância à rainha e nem àqueles que o servem.*

Ou seja, verifiquem os indicadores que a empresa apresenta, o seu clima, a satisfação dos clientes, o seu balanço social etc., pois aqui também se aplica o ensinamento do Mestre: "A árvore boa dá bons frutos, não se colhe figos de espinheiros".

Não se trata de idealismos ou utopias ingênuas, mas de compreender que o ser humano é responsável pelo processo de transformação que, antes, começa por ele mesmo. Afinal, a rua em que moro começa a ficar limpa quando limpo a minha calçada. Os relacionamentos sociais ficarão saudáveis à medida que meus relacionamentos se tornarem saudáveis.

É preciso humanizar o mundo, humanizar as empresas, humanizar as relações, e isto se faz começando por humanizar-se a si mesmo. E, necessariamente, começará quando tomarmos consciência da dignidade da pessoa humana e da Vida em sua totalidade que se manifesta em todos os seres.

15
Olhos nos olhos

Nosso modo de ver o mundo determina nossa conduta. Um olhar superficial e uma conduta utilitária não nos permitirão descobrir a verdade profunda das coisas e das pessoas. Precisamos de uma visão em profundidade contemplativa que nos leve a admirar a realidade criada e a dignidade das pessoas.

Jesús Espeja

Há alguns anos, minha filha, então com 15 anos, chegou da aula e me presenteou com um texto que havia sido objeto de reflexão em sua classe. Disse-me que achou o texto "a minha cara". Desde, então, tenho iniciado as minhas aulas com esse texto do Daniel Munduruku, educador que passei a conhecer melhor:

Aprendi com meu povo o verdadeiro significado da palavra educação ao ver o pai ou a mãe da criança indígena conduzindo-a passo a passo no aprendizado cultural. Pescar, caçar, fazer arco e flecha, limpar peixe, cozê-lo, buscar água, subir na árvore. Em especial, minha compreensão aumentou quando, em grupo, deitávamos sob a luz das estrelas para contemplá-las procurando imaginar o universo imenso diante de nós, que nossos pajés tinham visitado em sonhos. Educação para nós se dava no silêncio.

Nossos pais nos ensinavam a sonhar com aquilo que desejávamos. Compreendi, então, que educar é fazer sonhar. Aprendi a ser índio, pois aprendi a sonhar, ia para outras paragens. Passeava nelas, aprendia com elas.

Percebi que, na sociedade indígena, educar é arrancar de dentro para fora, fazer brotar os sonhos e, às vezes, rir do mistério da vida. Descobri, depois, que, na sociedade pós-moderna ocidental, educação significa a mesma coisa: tirar de dentro, jogar para fora. Mas isso fica só na teoria. Decepcionei-me ao ver que os professores faziam o contrário. Punham de fora para dentro.

Os sonhos ficavam entalados dentro das crianças e jovens. Não tinham tempo para sair. Aprender, para o ocidental, é ficar inerte ouvindo um montão de bobagens desnecessárias. As crianças não têm tempo para sonhar, por isso acham a escola uma grande chatice (e, penso eu, para os jovens e adultos também).

Não escolhi ser índio, esta é uma condição que me foi imposta pela divina mão que rege o universo, mas escolhi ser professor, ou melhor, confessor de meus sonhos. Desejo narrá-los para inspirar outras pessoas a narrar os seus, a fim de que o aprendizado aconteça pela palavra e pelo silêncio. É assim que "dou" aula: com esperança e com sonhos...

E haveria outra maneira de educar, senão essa? Penso que qualquer outra maneira que não inclua o "tirar de dentro para fora" e fazer sonhar, pode ser muita coisa, menos educação.

Se não soubermos investigar e descobrir a sabedoria coletiva e seu poder de transformação, assim como despertar no outro o sonho, o propósito, a missão que dá brilho nos olhos para realizar, qual o sentido da educação?

O assunto é inesgotável e não tive a pretensão de estudar todas as vertentes e dimensões que o tema sugere. Ao longo da história seremos sempre aprendizes e a cada passo os aprendizados se somarão. Importa, sim, estar atento para perceber os sinais dos tempos e o que estes sinais nos comunicam e ensinam.

Ampliar o olhar, ampliar a consciência é entender o sentido de todas as coisas em uma outra perspectiva. Optei pelo olhar complexo. A visão holística, apresentando suas múltiplas interconexões, nos livra das maldições da linearidade, da racionalidade excludente, da objetividade que tudo separa e nos agracia com a inclusão, com o acolhimento, com a escuta e a abertura para o diálogo, com o discernimento e a sabedoria que os princípios do paradigma e dos valores humanos nos proporcionam.

Tudo está ligado a tudo. Nesta grande teia da vida, onde tudo é tecido coletivamente, descobrindo a ordem que há no caos e o caos que há na ordem, podemos encontrar o equilíbrio dinâmico, a harmonia, na contemplação da vida em todas as suas dimensões e no "re-conhecimento" da relação dialógica entre todos os saberes.

Todos ensinamos. Todos aprendemos. Nenhum saber é superior ao outro. Nenhuma especialização é melhor do que a outra. Nenhuma disciplina pode disciplinar as demais. Tudo se complementa. O caminho é transdisciplinar. Somente o encontro permite a "trans-formação".

Encontrar-se a si mesmo no caminho. Encontrar o outro. Encontrar o Transcendente. Encontrar o sentido da vida. São alguns anseios que, por não serem correspondidos, têm provocado os distúrbios que hoje são vivenciados em tantos lugares.

A crise pela qual passam as pessoas e a sociedade tem no seu âmago uma outra intricada rede, cujos nós aparecem como a perda da inteireza da própria unidade, do senso do sagrado, da decadência dos valores corroendo a família e o caráter. A vida começa a perder o seu encanto, o mundo entra em decadência, tudo é massificado, ninguém pensa, não há discernimento, a velocidade das mudanças impede a solidez nos relacionamentos e estimula a competição, o consumo é cada vez mais exacerbado e o individualismo campeia...

Se as profecias, como as de Dupas, não sensibilizarem educadores, lideranças, homens e mulheres deste tempo, poderá, sim, ser proclamado o fim da história:

> Como se vê, são ao mesmo tempo espetaculares e preocupantes os efeitos desses avanços da técnica que rompem, inauguram e voltam a romper sucessivamente vários paradigmas. No entanto, há uma ausência quase total de reflexões e pesquisas sobre as consequências negativas desses caminhos, que podem colocar em xeque o futuro do próprio capitalismo global, seja por colapso

da empregabilidade, seja por severa restrição de demanda. A lógica da competição exacerbada, o deslumbramento diante da novidade tecnológica e a ausência de valores éticos ou agências regulatórias que definam limites e rumos poderão estar incubando novos deuses que conduzirão a humanidade a sua redenção ou serpentes que ameaçarão sua própria sobrevivência.

Todavia, a vida da esperança é que nos conduz. Toda a via, com as suas contradições e percalços é *via crucis* e via sacra, e por esta via haveremos de ver um horizonte, uma utopia a conclamar a humanidade a encontrar-se.

A educação que se vivencia na caminhada deverá ser o grande fórum onde se aprende exercitando a cidadania, o respeito, a tolerância aos diversos, a solidariedade e responsabilidade social, a justiça e a igualdade entre todos.

Somente poderá ser chamado de educação o processo que incluir todas as dimensões humanas e somente serão educadores dignos deste título aqueles que, pelo exemplo e determinação, conseguirem, ao menos, atrapalhar o galope das bestas e fazer germinar nas pessoas a sua porção divina. Porção divina é aquela onde os valores humanos aparecem como centelha, como reflexo da Luz Infinita que ilumina o universo e cada ser humano.

A esperança é que impulsiona. Ela é a mãe dos profetas. É quem dá vigor aos educadores. É ela que brilha nos olhos dos entusiastas. Sem esperança e sem fé não se educa. E sem educação não se constrói valor e sem valor não há vida. E a vida, por si, já é o grande e principal valor.

Da escolha que cada um faz na vida, dos valores que escolhe viver, pode resultar uma existência melhor para si e para todos. Deste modo, cada um de nós pode ser portador e transmissor de vida e esperança ou de morte e destruição. Esta é uma escolha que deve ser assumida como responsabilidade diante da vida. Cada um de nós deixará uma herança para a humanidade.

Talvez seja mais um discurso. Talvez não. A consciência de que a nossa casa está prestes a se arruinar e que a vida está por um fio pode mudar a nossa mentalidade. Podemos mudar.

E há inúmeros sinais, visíveis para muitos, nem tanto para outros que ainda não despertaram, mas de inspiração em inspiração, de transpiração em transpiração, começamos a conspirar para que a utopia se concretize.

Para mim, é hora de fitar olhos nos olhos. Hora de tomada de decisão consciente para que prevaleça o bem comum. Hora de confrontar-se a si mesmo sobre as próprias atitudes e comportamento. Hora dos educadores – e todos o somos ou podemos ser – assumirmos a responsabilidade de construir o novo, em todos os espaços, na família, nas instituições de ensino, nas empresas e seja onde for.

Eis o desafio da educação. Desafio que se apresenta também para a universidade que deve ser formadora de espíritos críticos e de pessoas conscientes do seu papel de agentes de transformação da sociedade, o que é muito mais do que habilitar em determinada profissão.

A universidade não pode se furtar ao dever de formar seres íntegros. Já bastam as deficiências na formação tecnicista, é preciso não só formar gestores e profissionais qualificados a gerir processos, desenvolver tecnologias, administrar recursos, mas pessoas que saibam conviver e servir para que o mundo e o ser humano sejam melhores.

Não é possível dividir o ensino dos conteúdos disciplinares da formação do ser integral, da formação ética dos profissionais. Não é possível construir uma nova sociedade baseada no respeito, na tolerância, na solidariedade, na justiça, se tais valores não forem praticados nas instituições de ensino, nas salas de aula e nas empresas.

Penso ser urgentemente necessário que em todos os espaços de educação os temas de ética, afeto, respeito aos outros, tolerância, humildade, alegria, entusiasmo e gosto pela vida e seus desafios, a cidadania e a solidariedade sejam transmitidos não apenas como conteúdo, mas como experiências vivificantes, aquelas que permitem ao ser humano conhecer mais de si mesmo, superar as contradições, compreender melhor a si e aos outros, conectar-se com tudo e com todos e se tornar um agente de transformação social.

Assim compete à educação o desafio de ser ela própria: ser autenticamente educação. Assim como é o desafio de cada um ser autenticamente humano. Descobrir-se humano. Desvelar o Ser que é. No dinamismo da vida, na complexidade em que ela se apresenta, na riqueza da complementaridade e na transdisciplinaridade que sempre gesta o novo, podemos re-nascer, podemos rever as nossas atitudes e simplesmente Ser.

Talvez assim, como "Outro(a) ver-são" de mim:

Diverso, em verso me descobri
Investigando o reverso,
Perscrutando o anverso,
Cremando o perverso
Para ver só o essencial.
Só de ver o aparente
Cansei-me de conversar...
Sem tergiversar e sem aversão
Mergulhei em novo mar.
No diverso descobri
A versão do novo olhar
Para ver são o novo ser
Que quis ser para versar.
Versar sobre novas cousas
Que causas não afetarão
Que afetos não causarão
Senão ver e só ver
E sorver o que os afetos dão.
Ver só além do olhar
Para versar sobre o que o diverso diz.
Se "con-verso" sobre o que verso,
Para o universo sentir,
Na conversão de cada dia
Uno os inversos em mim.
Nos diversos que encontro
Do universo em que me encontro,
Só verso sobre os diversos
Que se unem em um só verso
E se tornam universo em mim.

Para concluir, compartilho o que a estória que a querida Gislayne Matos contou um dia e que fez eco em meu coração, pois é nisso que acredito:

Conta-se que, certa vez, chegou a uma pequena cidade um viajante, que trazia consigo uma valise contendo alguns pertences e uns poucos instrumentos de trabalho, que lhe garantiriam o sustento do dia a dia.

Além de artesão, ele era um grande contador de histórias. Sendo assim, instalou-se sem dificuldades naquela comunidade.

Durante o dia, trabalhava o barro e com ele produzia objetos magníficos que lhe possibilitavam a sobrevivência. Ao cair da noite, assentava-se sob a árvore secular da praça e contava histórias a todos que tivessem ouvidos disponíveis e almas sedentas para aprenderem com seus personagens. À medida que o tempo passava, a audiência aumentava, e aqueles que antes apenas escutavam, agora contavam também. Todos iam ficando mais atentos aos próprios sonhos e às coisas que lhes aconteciam no dia a dia, na certeza de que assim teriam também experiências a trocar, em forma de grandes aventuras.

O tempo passou mais ainda, e pouco a pouco foi mudando; assim como ele, as pessoas também foram mudando. Até que chegou o momento em que ninguém mais se interessava pelas histórias contadas sob a generosa árvore da praça.

O jovem homem de outrora era agora um ancião de cabelos brancos e costas arqueadas. Mas sua rotina permanecia a mesma: durante o dia, transformava o barro; ao cair da noite, contava histórias. Só que agora as contava para si mesmo, pois ninguém mais se aproximava dele, todos tinham muito que fazer em seus pequenos mun-

dos particulares. Tempo não se trocava mais por experiências e encantamentos, trocava-se por dinheiro. Assim sendo, ouvir um velho contador de histórias, que falava de aventuras, de ensinamentos milenares, de heróis que venciam dragões com sua inteligência. Ah não! Seria perda de tempo. Além disso, é verdade que as novas lojas da cidade, com suas vitrines tentadoras, faziam sonhar mais do que as histórias do velho.

Chegou então um inverno rigoroso. Numa boca de noite que se anunciava gelada, o velho, na mesma hora de sempre, colocou-se a postos e começou a contar histórias para si mesmo. Ria sozinho, entristecia sozinho e se surpreendia sozinho, com tudo o que contava para si.

As pessoas corriam de um lado para outro sem lhe dar atenção. Foi quando algumas crianças, incomodadas com a situação do velho, aproximaram-se dele e disseram:

– Mas vovô, com tanto frio, por que não volta para casa? Não vê que ninguém mais quer escutar suas histórias? Por que continua contando?

– Antes, respondeu o velho, quando era jovem, eu contava histórias para mudar o mundo; queria torná-lo mais belo. Agora, solitário, eu me conto histórias para que o mundo não me mude.

154

Anexos

1

Declaração Universal dos Direitos Humanos

Considerando que o reconhecimento da dignidade inerente a todos os membros da família humana e de seus direitos iguais e inalienáveis é o fundamento da liberdade, da justiça e da paz no mundo,

Considerando que o desprezo e o desrespeito pelos direitos humanos resultaram em atos bárbaros que ultrajaram a consciência da humanidade e que o advento de um mundo em que todos gozem de liberdade de palavra, de crença e da liberdade de viverem a salvo do temor e da necessidade foi proclamado como a mais alta aspiração do ser humano comum,

Considerando ser essencial que os direitos humanos sejam protegidos pelo império da lei, para que o ser humano não seja compelido, como último recurso, à rebelião contra a tirania e a opressão,

Considerando ser essencial promover o desenvolvimento de relações amistosas entre as nações,

Considerando que os povos das Nações Unidas reafirmaram, na Carta da ONU, sua fé nos direitos humanos fundamentais, na dignidade e no valor do ser humano e na igualdade de direitos entre homens e mulheres, e que decidiram promover o progresso social e melhores condições de vida em uma liberdade mais ampla,

Considerando que os Estados-Membros se comprometeram a promover, em cooperação com as Nações Unidas, o respeito universal aos direitos e liberdades humanas fundamentais e a observância desses direitos e liberdades,

Considerando que uma compreensão comum desses direitos e liberdades é da mais alta importância para o pleno cumprimento desse compromisso,

Agora portanto A ASSEMBLEIA GERAL proclama A PRESENTE DECLARAÇÃO UNIVERSAL DOS DIREITOS HUMANOS como o ideal comum a ser atingido por todos os povos e todas as nações, com o objetivo de que cada indivíduo e cada órgão da sociedade, tendo sempre em mente esta Declaração, se esforce, através do ensino e da educação, por promover o respeito a esses direitos e liberdades, e, pela adoção de medidas progressivas de caráter nacional e internacional, por assegurar o seu reconhecimento e a sua observância universal e efetiva, tanto entre os povos dos próprios Estados-Membros quanto entre os povos dos territórios sob sua jurisdição.

Artigo I – Todos os seres humanos nascem livres e iguais em dignidade e direitos. São dotados de razão e consciência e devem agir em relação uns aos outros com espírito de fraternidade.

Artigo II – Todo ser humano tem capacidade para gozar os direitos e as liberdades estabelecidos nesta Declaração, sem distinção de qualquer espécie, seja de raça, cor, sexo, idioma, religião, opinião política ou de outra natureza, origem nacional ou social, riqueza, nascimento, ou qualquer outra condição. Não será também feita nenhuma distinção fundada na condição política, jurídica ou internacional do país ou território a que pertença uma pessoa, quer se trate de um território independente, sob tutela, sem governo próprio, quer sujeito a qualquer outra limitação de soberania.

Artigo III – Todo ser humano tem direito à vida, à liberdade e à segurança pessoal.

Artigo IV – Ninguém será mantido em escravidão ou servidão; a escravidão e o tráfico de escravos serão proibidos em todas as suas formas.

Artigo V – Ninguém será submetido a tortura nem a tratamento ou castigo cruel, desumano ou degradante.

Artigo VI – Todo ser humano tem o direito de ser, em todos os lugares, reconhecido como pessoa perante a lei.

Artigo VII – Todos são iguais perante a lei e têm direito, sem qualquer distinção, a igual proteção da lei. Todos têm direito a igual proteção contra qualquer discriminação que viole a presente Declaração e contra qualquer incitamento a tal discriminação.

Artigo VIII – Todo ser humano tem direito a receber dos tribunais nacionais competentes remédio efetivo para os atos que violem os direitos fundamentais que lhe sejam reconhecidos pela constituição ou pela lei.

Artigo IX – Ninguém será arbitrariamente preso, detido ou exilado.

Artigo X – Todo ser humano tem direito, em plena igualdade, a uma justa e pública audiência por parte de um tribunal independente e imparcial, para decidir sobre seus direitos e deveres ou do fundamento de qualquer acusação criminal contra ele.

Artigo XI

Parágrafo 1 Todo ser humano acusado de um ato delituoso tem o direito de ser presumido inocente até que a sua culpabilidade tenha sido provada de acordo com a lei, em julgamento público no qual lhe tenham sido asseguradas todas as garantias necessárias à sua defesa.

Parágrafo 2 Ninguém poderá ser culpado por qualquer ação ou omissão que, no momento, não constituíam delito perante o direito nacional ou internacional. Também não será imposta pena mais forte do que aquela que, no momento da prática, era aplicável ao ato delituoso.

Artigo XII – Ninguém será sujeito à interferência em sua vida privada, em sua família, em seu lar ou em sua correspondência, nem a ataque à sua honra e reputação. Todo ser humano tem direito à proteção da lei contra tais interferências ou ataques.

Artigo XIII

Parágrafo 1 Todo ser humano tem direito à liberdade de locomoção e residência dentro das fronteiras de cada Estado.

Parágrafo 2 Todo ser humano tem o direito de deixar qualquer país, inclusive o próprio, e a este regressar.

Artigo XIV

Parágrafo 1 Todo ser humano, vítima de perseguição, tem o direito de procurar e de gozar asilo em outros países.

Parágrafo 2 Este direito não pode ser invocado em caso de perseguição legitimamente motivada por crimes de direito comum ou por atos contrários aos objetivos e princípios das Nações Unidas.

Artigo XV

Parágrafo 1 Todo homem tem direito a uma nacionalidade.

Parágrafo 2 Ninguém será arbitrariamente privado de sua nacionalidade, nem do direito de mudar de nacionalidade.

Artigo XVI

Parágrafo 1 Os homens e mulheres de maior idade, sem qualquer restrição de raça, nacionalidade ou religião, têm o direito de contrair matrimônio e fundar uma família. Gozam de iguais direitos em relação ao casamento, sua duração e sua dissolução.

Parágrafo 2 O casamento não será válido senão com o livre e pleno consentimento dos nubentes.

Parágrafo 3 A família é o núcleo natural e fundamental da sociedade e tem direito à proteção da sociedade e do Estado.

Artigo XVII

Parágrafo 1 Todo ser humano tem direito à propriedade, só ou em sociedade com outros.

Parágrafo 2 Ninguém será arbitrariamente privado de sua propriedade.

Artigo XVIII – Todo ser humano tem direito à liberdade de pensamento, consciência e religião; este direito inclui a liberdade de mudar de religião ou crença e a liberdade de manifestar essa religião ou crença, pelo ensino, pela prática, pelo culto e pela observância, em público ou em particular.

Artigo XIX – Todo ser humano tem direito à liberdade de opinião e expressão; este direito inclui a liberdade de, sem interferência, ter opiniões e de procurar, receber e transmitir informações e ideias por quaisquer meios e independentemente de fronteiras.

Artigo XX

Parágrafo 1 Todo ser humano tem direito à liberdade de reunião e associação pacífica.

Parágrafo 2 Ninguém pode ser obrigado a fazer parte de uma associação.

Artigo XXI

Parágrafo 1 Todo ser humano tem o direito de fazer parte no governo de seu país diretamente ou por intermédio de representantes livremente escolhidos.

Parágrafo 2 Todo ser humano tem igual direito de acesso ao serviço público do seu país.

Parágrafo 3 A vontade do povo será a base da autoridade do governo; esta vontade será expressa em eleições periódicas e legítimas, por sufrágio universal, por voto secreto ou processo equivalente que assegure a liberdade de voto.

Artigo XXII – Todo ser humano, como membro da sociedade, tem direito à segurança social, à realização pelo esforço nacional, pela cooperação internacional e de acordo com a organização e recursos de cada Estado, dos direitos econômicos, sociais e culturais indispensáveis à sua dignidade e ao livre desenvolvimento da sua personalidade.

Artigo XXIII

Parágrafo 1 Todo ser humano tem direito ao trabalho, à livre-escolha de emprego, a condições justas e favoráveis de trabalho e à proteção contra o desemprego.

Parágrafo 2 Todo ser humano, sem qualquer distinção, tem direito a igual remuneração por igual trabalho.

Parágrafo 3 Todo ser humano que trabalha tem direito a uma remuneração justa e satisfatória, que lhe assegure, assim como à sua família, uma existência compatível com a dignidade humana e a que se acrescentarão, se necessário, outros meios de proteção social.

Parágrafo 4 Todo ser humano tem direito a organizar sindicatos e a neles ingressar para proteção de seus interesses.

Artigo XXIV – Todo ser humano tem direito a repouso e lazer, inclusive a limitação razoável das horas de trabalho e a férias remuneradas periódicas.

Artigo XXV

Parágrafo 1 Todo ser humano tem direito a um padrão de vida capaz de assegurar-lhe, e a sua família, saúde e bem-estar, inclusive alimentação, vestuário, habitação, cuidados médicos e os serviços sociais indispensáveis, e direito à segurança em caso de desemprego, doença, invalidez, viuvez, velhice ou outros casos de perda dos meios de subsistência em circunstâncias fora de seu controle.

Parágrafo 2   A maternidade e a infância têm direito a cuidados e assistência especiais. Todas as crianças, nascidas dentro ou fora do matrimônio, gozarão da mesma proteção social.

Artigo XXVI

Parágrafo 1   Todo ser humano tem direito à instrução. A instrução será gratuita, pelo menos nos graus elementares e fundamentais. A instrução elementar será obrigatória. A instrução técnico-profissional será acessível a todos, bem como a instrução superior, esta baseada no mérito.

Parágrafo 2   A instrução será orientada no sentido do pleno desenvolvimento da personalidade humana e do fortalecimento do respeito pelos direitos humanos e pelas liberdades fundamentais. A instrução promoverá a compreensão, a tolerância e a amizade entre todas as nações e grupos raciais ou religiosos, e coadjuvará as atividades das Nações Unidas em prol da manutenção da paz.

Parágrafo 3   Os pais têm prioridade de direito na escolha do gênero de instrução que será ministrada a seus filhos.

Artigo XXVII

Parágrafo 1   Todo ser humano tem o direito de participar livremente da vida cultural da comunidade, de fruir das artes e de participar do progresso científico e de seus benefícios.

Parágrafo 2   Todo ser humano tem direito à proteção dos interesses morais e materiais decorrentes de qualquer produção científica literária ou artística da qual seja autor.

Artigo XXVIII – Todo ser humano tem direito a uma ordem social e internacional em que os direitos e liberdades estabelecidos na presente Declaração possam ser plenamente realizados.

Artigo XXIX

Parágrafo 1 Todo ser humano tem deveres para com a comunidade, na qual o livre e pleno desenvolvimento de sua personalidade é possível.

Parágrafo 2 No exercício de seus direitos e liberdades, todo ser humano estará sujeito apenas às limitações determinadas pela lei, exclusivamente com o fim de assegurar o devido reconhecimento e respeito dos direitos e liberdades de outrem e de satisfazer as justas exigências da moral, da ordem pública e do bem-estar de uma sociedade democrática.

Parágrafo 3 Esses direitos e liberdades não podem, em hipótese alguma, ser exercidos contrariamente aos objetivos e princípios das Nações Unidas.

Artigo XXX – Nenhuma disposição da presente Declaração pode ser interpretada como o reconhecimento a qualquer Estado, grupo ou pessoa, do direito de exercer qualquer atividade ou praticar qualquer ato destinado à destruição de quaisquer dos direitos e liberdades aqui estabelecidos.

2
Declaração Universal das Responsabilidades Humanas

Considerando que o reconhecimento da dignidade inerente e dos direitos iguais e inalienáveis de todos os membros da família humana é o fundamento da liberdade, da justiça e da paz no mundo e implica obrigações ou responsabilidades,

Considerando que a insistência exclusiva nos direitos pode resultar em conflito, divisão e disputa interminável, e que a negligência das responsabilidades humanas pode levar à ilegalidade e ao caos,

Considerando que o domínio da lei e a promoção dos direitos humanos dependem da prontidão de homens e mulheres em agir com justiça,

Considerando que os problemas globais exigem soluções globais que só podem ser alcançadas por meio de ideias, valores e normas respeitados por todas as culturas e sociedades,

Considerando que todos os indivíduos, no gozo de seus melhores conhecimentos e habilidades, têm a responsabilidade de promover uma melhor ordem social, tanto em seu país como internacionalmente, objetivo que não pode ser atingido apenas mediante leis, prescrições e convenções,

Considerando que as aspirações humanas por progresso e aperfeiçoamento só podem ser concretizadas mediante valores e padrões comumente acordados, que se apliquem a todos os indivíduos e instituições em todas as épocas,

Agora, portanto, a Assembleia Geral proclama esta Declaração Universal das Responsabilidades Humanas como um critério comum para todas as pessoas e todas as nações, a fim de que todo indivíduo e todo órgão da sociedade, tendo sempre em mente esta Declaração, contribua para o progresso das comunidades e o esclarecimento de todos os seus membros. Nós, os povos do mundo, renovamos e reforçamos assim os compromissos já proclamados na Declaração Universal dos Direitos Humanos, a saber, a plena aceitação da dignidade de todas as pessoas, sua liberdade e sua igualdade inalienáveis, e sua solidariedade mútua. A conscientização e a aceitação dessas responsabilidades devem ser ensinadas e promovidas em todo o mundo.

Artigo 1º Toda pessoa, independentemente de gênero, origem étnica, *status* social, opinião política, língua, idade, nacionalidade ou religião, tem a responsabilidade de tratar todas as pessoas de maneira humana.

Artigo 2º Ninguém deve apoiar nenhuma forma de comportamento desumano, mas todos têm a responsabilidade de lutar pela liberdade e pela autoestima de todos os demais.

Artigo 3º Nenhuma pessoa, nenhum grupo ou organização, nenhum Estado, nenhum exército ou polícia está acima do bem e do mal; todos estão sujeitos a padrões éticos.

Todos têm a responsabilidade de promover o bem e evitar o mal em todas as ocasiões.

Artigo 4º Todas as pessoas, dotadas de razão e consciência, devem aceitar a responsabilidade para com todos, para com as famílias e comunidades, para com as raças, nações e religiões, num espírito de solidariedade. Não faças aos outros o que não queres que façam a ti.

Artigo 5º Todos têm a responsabilidade de respeitar a vida. Ninguém tem o direito de ferir, torturar ou matar outra pessoa humana. Isso não exclui o direito à autodefesa justificada de indivíduos ou comunidades.

Artigo 6º Os litígios entre Estados, grupos ou indivíduos devem ser resolvidos sem violência. Nenhum governo deve tolerar ou participar de atos de genocídio ou terrorismo, nem deve usar homens, crianças ou quaisquer outros civis como instrumentos de guerra. Todo cidadão e toda autoridade pública têm a responsabilidade de agir de forma pacífica, não violenta.

Artigo 7º Toda pessoa é infinitamente preciosa e deve ser protegida incondicionalmente. Os animais e o meio ambiente também exigem proteção. Todas as pessoas têm a responsabilidade de proteger o ar, a água e o solo da terra para o benefício dos habitantes atuais e das gerações futuras.

Artigo 8º Todos têm a responsabilidade de comportar-se com integridade, honestidade e equidade. Nenhum indivíduo ou grupo deve roubar ou arbitrariamente privar qualquer outro indivíduo ou grupo de seus bens.

Artigo 9º Todas as pessoas, dados os instrumentos necessários, têm a responsabilidade de fazer sérios esforços para vencer a pobreza, a desnutrição, a ignorância e a desigualdade. Devem promover o desenvolvimento sustentável em todo o mundo a fim de assegurar dignidade, liberdade, segurança e justiça para todos.

Artigo 10º Todas as pessoas têm a responsabilidade de desenvolver seus talentos mediante esforços diligentes; devem ter acesso igual à educação e ao trabalho significativo. Todos devem prestar auxílio aos necessitados, aos desprivilegiados, aos deficientes e às vítimas de discriminação.

Artigo 11º Todos os bens e toda a riqueza devem ser usados de forma responsável, de acordo com a justiça e para o progresso da raça humana. O poder econômico e político não deve ser tratado como instrumento de dominação, mas estar a serviço da justiça econômica e da ordem social.

Artigo 12º Todos têm a responsabilidade de falar e agir com sinceridade. Ninguém, por mais superior ou poderoso que seja, deve mentir. O direito à privacidade e ao sigilo pessoal deve ser respeitado. Ninguém é obrigado a dizer toda a verdade a todas as pessoas o tempo todo.

Artigo 13º Nenhum político, funcionário público, dirigente da economia, cientista, escritor ou artista está isento dos padrões éticos gerais, tampouco o estão os médicos, advogados e outros profissionais que têm deveres especiais para com os clientes. Códigos profissionais e outros códigos de ética devem refletir a prioridade de padrões gerais como a sinceridade e a equidade.

Artigo 14º A liberdade da mídia de informar o público e criticar as instituições da sociedade e as ações governamentais, que é essencial para uma sociedade justa, deve ser usada com responsabilidade e discrição. A liberdade da mídia carrega uma responsabilidade especial pelo jornalismo exato e veraz. Reportagens sensacionalistas que degradam a pessoa ou a dignidade humana devem ser evitadas em todas as ocasiões.

Artigo 15º Embora a liberdade religiosa deva ser garantida, os representantes das religiões têm a responsabilidade especial de evitar expressões de preconceito e atos de discriminação contra as pessoas de crenças diferentes. Não devem incitar ou legitimar o ódio, o fanatismo e as guerras religiosas, mas promover a tolerância e o respeito mútuo entre todas as pessoas.

Artigo 16º Todos os homens e mulheres têm a responsabilidade de mostrar respeito uns pelos outros e compreensão em sua parceria. Ninguém deve sujeitar outra pessoa à exploração ou dependência sexual. Ao contrário, os parceiros sexuais devem aceitar a responsabilidade de cuidar do bem-estar mútuo.

Artigo 17º Em todas suas variedades culturais e religiosas, o casamento requer amor, lealdade e perdão, e deve procurar garantir a segurança e o apoio mútuo.

Artigo 18º O planejamento familiar sensato é responsabilidade de todo casal. O relacionamento entre pais e filhos deve refletir amor, respeito, estima e consideração mútuos. Nenhum genitor ou qualquer outro adulto deve explorar, maltratar ou abusar de uma criança.

Artigo 19º Nada nesta Declaração pode ser interpretado como concedendo a qualquer Estado, grupo ou indivíduo o direito a se dedicar a qualquer atividade ou realizar qualquer ato com vistas à destruição de qualquer das responsabilidades, direitos e liberdade apresentados nesta Declaração e na Declaração dos Direitos Humanos de 1948.

3
Carta da Terra

Preâmbulo

Estamos diante de um momento crítico na história da Terra, numa época em que a humanidade deve escolher o seu futuro. À medida que o mundo torna-se cada vez mais interdependente e frágil, o futuro enfrenta, ao mesmo tempo, grandes perigos e grandes promessas. Para seguir adiante, devemos reconhecer que, no meio de uma magnífica diversidade de culturas e formas de vida, somos uma família humana e uma comunidade terrestre com um destino comum. Devemos somar forças para gerar uma sociedade sustentável global baseada no respeito pela natureza, nos direitos humanos universais, na justiça econômica e numa cultura da paz. Para chegar a este propósito, é imperativo que nós, os povos da Terra, declaremos nossa responsabilidade uns para com os outros, com a grande comunidade da vida, e com as futuras gerações.

Terra, nosso lar

A humanidade é parte de um vasto universo em evolução. A Terra, nosso lar, está viva com uma comunidade de vida única. As forças da natureza fazem da existência uma aventura exigente e incerta, mas a Terra providenciou as condições essenciais para a evolução da vida. A capacidade de recuperação da comunidade da vida e o bem-estar da humanidade dependem da preservação de uma biosfera saudável com todos seus sistemas ecológicos, uma rica variedade de plantas e animais, solos férteis, águas puras e ar limpo. O meio ambiente global com seus recursos finitos é uma preocupação comum de todas as pessoas. A proteção da vitalidade, diversidade e beleza da Terra é um dever sagrado.

A situação global

Os padrões dominantes de produção e consumo estão causando devastação ambiental, redução dos recursos e uma massiva extinção de espécies. Comunidades estão sendo arruinadas. Os benefícios do desenvolvimento não estão sendo divididos equitativamente e o fosso entre ricos e pobres está aumentando. A injustiça, a pobreza, a ignorância e os conflitos violentos têm aumentado e são causa de grande sofrimento. O crescimento sem precedentes da população humana tem sobrecarregado os sistemas ecológico e social. As bases da segurança global estão ameaçadas. Essas tendências são perigosas, mas não inevitáveis.

Desafios para o futuro

A escolha é nossa: formar uma aliança global para cuidar da Terra e uns dos outros, ou arriscar a nossa destruição e a da diversidade da vida. São necessárias mudanças fundamentais dos nossos valores, instituições e modos de vida. Devemos entender que, quando as necessidades básicas fo-

174

rem atingidas, o desenvolvimento humano será primariamente voltado a ser mais, não a ter mais. Temos o conhecimento e a tecnologia necessários para abastecer a todos e reduzir nossos impactos ao meio ambiente. O surgimento de uma sociedade civil global está criando novas oportunidades para construir um mundo democrático e humano. Nossos desafios ambientais, econômicos, políticos, sociais e espirituais estão interligados, e juntos podemos forjar soluções includentes.

Responsabilidade universal

Para realizar estas aspirações, devemos decidir viver com um sentido de responsabilidade universal, identificando-nos com toda a comunidade terrestre bem como com nossa comunidade local. Somos, ao mesmo tempo, cidadãos de nações diferentes e de um mundo no qual a dimensão local e global estão ligadas. Cada um compartilha da responsabilidade pelo presente e pelo futuro, pelo bem-estar da família humana e de todo o mundo dos seres vivos. O espírito de solidariedade humana e de parentesco com toda a vida é fortalecido quando vivemos com reverência o mistério da existência, com gratidão pelo dom da vida, e com humildade considerando em relação ao lugar que ocupa o ser humano na natureza. Necessitamos com urgência de uma visão compartilhada de valores básicos para proporcionar um fundamento ético à comunidade mundial emergente. Portanto, juntos na esperança, afirmamos os seguintes princípios, todos interdependentes, visando um modo de vida sustentável como critério comum, através dos quais a conduta de todos os indivíduos, organizações, empresas, governos, e instituições transnacionais será guiada e avaliada.

Princípios

I – RESPEITAR E CUIDAR DA COMUNIDADE DA VIDA

1) Respeitar a Terra e a vida em toda sua diversidade.

a) Reconhecer que todos os seres são interligados e cada forma de vida tem valor, independentemente de sua utilidade para os seres humanos.

b) Afirmar a fé na dignidade inerente de todos os seres humanos e no potencial intelectual, artístico, ético e espiritual da humanidade.

2) Cuidar da comunidade da vida com compreensão, compaixão e amor.

a) Aceitar que, com o direito de possuir, administrar e usar os recursos naturais, vem o dever de impedir o dano causado ao meio ambiente e de proteger os direitos das pessoas.

b) Assumir que o aumento da liberdade, dos conhecimentos e do poder implica responsabilidade na promoção do bem comum.

3) Construir sociedades democráticas que sejam justas, participativas, sustentáveis e pacíficas.

a) Assegurar que as comunidades em todos os níveis garantam os direitos humanos e as liberdades fundamentais e proporcionem a cada um a oportunidade de realizar seu pleno potencial.

b) Promover a justiça econômica e social, propiciando a todos a consecução de uma subsistência significativa e segura, que seja ecologicamente responsável.

4) Garantir as dádivas e a beleza da Terra para as atuais e as futuras gerações.

a) Reconhecer que a liberdade de ação de cada geração é condicionada pelas necessidades das gerações futuras.

b) Transmitir às futuras gerações valores, tradições e instituições que apoiem, em longo prazo, a prosperidade das comunidades humanas e ecológicas da Terra. Para poder cumprir estes quatro amplos compromissos é necessário:

II – INTEGRIDADE ECOLÓGICA

5) Proteger e restaurar a integridade dos sistemas ecológicos da Terra, com especial preocupação pela diversidade biológica e pelos processos naturais que sustentam a vida.

a) Adotar planos e regulamentações de desenvolvimento sustentável em todos os níveis que façam com que a conservação ambiental e a reabilitação sejam parte integral de todas as iniciativas de desenvolvimento.

b) Estabelecer e proteger as reservas com uma natureza viável e da biosfera, incluindo terras selvagens e áreas marinhas, para proteger os sistemas de sustento à vida da Terra, manter a biodiversidade e preservar nossa herança natural.

c) Promover a recuperação de espécies e ecossistemas ameaçados.

d) Controlar e erradicar organismos não nativos ou modificados geneticamente que causem dano às espécies nativas, ao meio ambiente, e prevenir a introdução desses organismos daninhos.

e) Manejar o uso de recursos renováveis como água, solo, produtos florestais e vida marinha de forma que não excedam as taxas de regeneração e que protejam a sanidade dos ecossistemas.

f) Manejar a extração e o uso de recursos não renováveis, como minerais e combustíveis fósseis de forma que diminuam a exaustão e não causem dano ambiental grave.

6) Prevenir o dano ao ambiente como o melhor método de proteção ambiental e, quando o conhecimento for limitado, assumir uma postura de precaução.

a) Orientar ações para evitar a possibilidade de sérios ou irreversíveis danos ambientais mesmo quando a informação científica for incompleta ou não conclusiva.

b) Impor o ônus da prova àqueles que afirmarem que a atividade proposta não causará dano significativo e fazer com que os grupos sejam responsabilizados pelo dano ambiental.

c) Garantir que a decisão a ser tomada se oriente pelas consequências humanas globais, cumulativas, de longo prazo, indiretas e de longo alcance.

d) Impedir a poluição de qualquer parte do meio ambiente e não permitir o aumento de substâncias radioativas, tóxicas ou outras substâncias perigosas.

e) Evitar que atividades militares causem dano ao meio ambiente.

7) Adotar padrões de produção, consumo e reprodução que protejam as capacidades regenerativas da Terra, os direitos humanos e o bem-estar comunitário.

a) Reduzir, reutilizar e reciclar materiais usados nos sistemas de produção e consumo e garantir que os resíduos possam ser assimilados pelos sistemas ecológicos.

b) Atuar com restrição e eficiência no uso de energia e recorrer cada vez mais aos recursos energéticos renováveis, como a energia solar e do vento.

c) Promover o desenvolvimento, a adoção e a transferência equitativa de tecnologias ambientais saudáveis.

d) Incluir totalmente os custos ambientais e sociais de bens e serviços no preço de venda e habilitar os consumidores a identificar produtos que satisfaçam as mais altas normas sociais e ambientais.

e) Garantir acesso universal à assistência de saúde que fomente a saúde reprodutiva e a reprodução responsável.

f) Adotar estilos de vida que acentuem a qualidade de vida e subsistência material num mundo finito.

8) Avançar o estudo da sustentabilidade ecológica e promover a troca aberta e a ampla aplicação do conhecimento adquirido.

a) Apoiar a cooperação científica e técnica internacional relacionada à sustentabilidade, com especial atenção às necessidades das nações em desenvolvimento.

b) Reconhecer e preservar os conhecimentos tradicionais e a sabedoria espiritual em todas as culturas que contribuam para a proteção ambiental e o bem-estar humano.

c) Garantir que informações de vital importância para a saúde humana e para a proteção ambiental, incluindo informação genética, estejam disponíveis ao domínio público.

III – JUSTIÇA SOCIAL E ECONÔMICA

9) Erradicar a pobreza como um imperativo ético, social e ambiental.

a) Garantir o direito à água potável, ao ar puro, à segurança alimentar, aos solos não contaminados, ao abrigo e saneamento seguro, distribuindo os recursos nacionais e internacionais requeridos.

b) Prover cada ser humano de educação e recursos para assegurar uma subsistência sustentável, e proporcionar seguro social e segurança coletiva a todos aqueles que não são capazes de manter-se por conta própria.

c) Reconhecer os ignorados, proteger os vulneráveis, servir àqueles que sofrem, e permitir-lhes desenvolver suas capacidades e alcançar suas aspirações.

10) Garantir que as atividades e instituições econômicas em todos os níveis promovam o desenvolvimento humano de forma equitativa e sustentável.

a) Promover a distribuição equitativa da riqueza dentro das e entre as nações.

b) Incrementar os recursos intelectuais, financeiros, técnicos e sociais das nações em desenvolvimento e isentá-las de dívidas internacionais onerosas.

c) Garantir que todas as transações comerciais apoiem o uso de recursos sustentáveis, a proteção ambiental e normas trabalhistas progressistas.

d) Exigir que corporações multinacionais e organizações financeiras internacionais atuem com transparência em benefício do bem comum e responsabilizá-las pelas consequências de suas atividades.

11) Afirmar a igualdade e a equidade de gênero como pré-requisitos para o desenvolvimento sustentável e assegurar o acesso universal à educação, assistência de saúde e às oportunidades econômicas.

a) Assegurar os direitos humanos das mulheres e das meninas e acabar com toda violência contra elas.

b) Promover a participação ativa das mulheres em todos os aspectos da vida econômica, política, civil, social e cultural como parceiras plenas e paritárias, tomadoras de decisão, líderes e beneficiárias.

c) Fortalecer as famílias e garantir a segurança e a educação amorosa de todos os membros da família.

12) Defender, sem discriminação, os direitos de todas as pessoas a um ambiente natural e social, capaz de assegurar a dignidade humana, a saúde corporal e o bem-estar espiritual, concedendo especial atenção aos direitos dos povos indígenas e minorias.

a) Eliminar a discriminação em todas suas formas, como as baseadas em raça, cor, gênero, orientação sexual, religião, idioma e origem nacional, étnica ou social.

b) Afirmar o direito dos povos indígenas à sua espiritualidade, conhecimentos, terras e recursos, assim como às suas práticas relacionadas a formas sustentáveis de vida.

c) Honrar e apoiar os jovens das nossas comunidades, habilitando-os a cumprir seu papel essencial na criação de sociedades sustentáveis.

d) Proteger e restaurar lugares notáveis pelo significado cultural e espiritual.

IV – DEMOCRACIA, NÃO VIOLÊNCIA E PAZ

13) Fortalecer as instituições democráticas em todos os níveis e proporcionar-lhes transparência e prestação de contas no exercício do governo, participação inclusiva na tomada de decisões, e acesso à justiça.

a) Defender o direito de todas as pessoas no sentido de receber informação clara e oportuna sobre assuntos ambientais e todos os planos de desenvolvimento e atividades que poderiam afetá-las ou nos quais tenham interesse.

b) Apoiar sociedades civis locais, regionais e globais e promover a participação significativa de todos os indivíduos e organizações na tomada de decisões.

c) Proteger os direitos à liberdade de opinião, de expressão, de assembleia pacífica, de associação e de oposição.

d) Instituir o acesso efetivo e eficiente a procedimentos administrativos e judiciais independentes, incluindo retificação e compensação por danos ambientais e pela ameaça de tais danos.

e) Eliminar a corrupção em todas as instituições públicas e privadas.

f) Fortalecer as comunidades locais, habilitando-as a cuidar dos seus próprios ambientes, e atribuir responsabilidades ambientais aos níveis governamentais onde possam ser cumpridas mais efetivamente.

14) Integrar, na educação formal e na aprendizagem ao longo da vida, os conhecimentos, valores e habilidades necessárias para um modo de vida sustentável.

a) Oferecer a todos, especialmente a crianças e jovens, oportunidades educativas que lhes permitam contribuir ativamente para o desenvolvimento sustentável.

b) Promover a contribuição das artes e humanidades, assim como das ciências, na educação para sustentabilidade.

c) Intensificar o papel dos meios de comunicação de massa no sentido de aumentar a sensibilização para os desafios ecológicos e sociais.

d) Reconhecer a importância da educação moral e espiritual para uma subsistência sustentável.

15) Tratar todos os seres vivos com respeito e consideração.

a) Impedir crueldades aos animais mantidos em sociedades humanas e protegê-los de sofrimentos.

b) Proteger animais selvagens de métodos de caça, armadilhas e pesca que causem sofrimento extremo, prolongado ou evitável.

c) Evitar ou eliminar ao máximo possível a captura ou destruição de espécies não visadas.

16) Promover uma cultura de tolerância, não violência e paz.

a) Estimular e apoiar o entendimento mútuo, a solidariedade e a cooperação entre todas as pessoas, dentro das e entre as nações.

b) Implementar estratégias amplas para prevenir conflitos violentos e usar a colaboração na resolução de problemas para manejar e resolver conflitos ambientais e outras disputas.

c) Desmilitarizar os sistemas de segurança nacional até chegar ao nível de uma postura não provocativa da defesa e converter os recursos militares em propósitos pacíficos, incluindo restauração ecológica.

d) Eliminar armas nucleares, biológicas e tóxicas e outras armas de destruição em massa.

e) Assegurar que o uso do espaço orbital e cósmico mantenha a proteção ambiental e a paz.

f) Reconhecer que a paz é a plenitude criada por relações corretas consigo mesmo, com outras pessoas, outras culturas, outras vidas, com a Terra e com a totalidade maior da qual somos parte.

O caminho adiante

Como nunca antes na história, o destino comum nos conclama a buscar um novo começo. Tal renovação é a promessa dos princípios da Carta da Terra. Para cumprir esta promessa, temos que nos comprometer a adotar e promover os valores e objetivos da Carta.

Isto requer uma mudança na mente e no coração. Requer um novo sentido de interdependência global e de responsabilidade universal. Devemos desenvolver e aplicar com imaginação a visão de um modo de vida sustentável aos níveis local, nacional, regional e global. Nossa diversidade cultural é uma herança preciosa, e diferentes culturas encontrarão suas próprias e distintas formas de realizar esta visão. Devemos aprofundar, expandir o diálogo global gerado pela Carta da Terra, porque temos muito que aprender a partir da busca iminente e conjunta por verdade e sabedoria.

A vida muitas vezes envolve tensões entre valores importantes. Isto pode significar escolhas difíceis. Porém, necessitamos encontrar caminhos para harmonizar a diversidade com a unidade, o exercício da liberdade com o bem comum, objetivos de curto prazo com metas de longo prazo. Todo indivíduo, família, organização e comunidade têm um papel vital a desempenhar. As artes, as ciências, as religiões, as instituições educativas, os meios de comunicação, as empresas, as Organizações Não Governamentais e os governos são todos chamados a oferecer uma liderança criativa. A parceria entre governo, sociedade civil e empresas é essencial para uma governabilidade efetiva.

Para construir uma comunidade global sustentável, as nações do mundo devem renovar seu compromisso com as Nações Unidas, cumprir com suas obrigações respeitando os acordos internacionais existentes e apoiar a implementação dos princípios da Carta da Terra com um instrumento internacional legalmente unificador quanto ao ambiente e ao desenvolvimento.

Que o nosso tempo seja lembrado pelo despertar de uma nova reverência face à vida, pelo compromisso firme de alcançar a sustentabilidade, a intensificação da luta pela justiça e pela paz, e a alegre celebração da vida.

4
Carta da Transdisciplinaridade
(Convento da Arrábida, Portugal, nov./1994)

Preâmbulo

Considerando que a proliferação atual das disciplinas acadêmicas e não acadêmicas conduz a um crescimento exponencial do saber, o que torna impossível uma visão global do ser humano;

Considerando que somente uma inteligência que leve em consideração a dimensão planetária dos conflitos atuais poderá enfrentar a complexidade do nosso mundo e o desafio contemporâneo de autodestruição material e espiritual da nossa espécie;

Considerando que a vida está fortemente ameaçada por uma tecnociência triunfante, que só obedece à lógica apavorante da eficácia pela eficácia;

Considerando que a ruptura contemporânea entre um saber cada vez mais cumulativo e um ser interior cada vez mais empobrecido leva à ascensão de um novo obscurantismo, cujas consequências, no plano individual e social, são incalculáveis;

Considerando que o crescimento dos saberes, sem precedente na história, aumenta a desigualdade entre os que os possuem e os que deles estão desprovidos, gerando assim uma desigualdade crescente no seio dos povos e entre as nações do nosso planeta;

Considerando, ao mesmo tempo, que todos os desafios enunciados têm sua contrapartida de esperança e que o crescimento extraordinário dos saberes pode conduzir, a longo prazo, a uma mutação comparável à passagem dos hominídeos à espécie humana;

Considerando os aspectos acima, os participantes do Primeiro Congresso Mundial de Transdisciplinaridade (Convento da Arrábida, Portugal, 2 a 7 de novembro de 1994) adotam a presente Carta, entendida como um conjunto de princípios fundamentais da comunidade dos espíritos transdisciplinares, constituindo um contrato moral que todo signatário dessa Carta faz consigo mesmo, livre de qualquer espécie de pressão jurídica ou institucional.

Artigo 1 Toda e qualquer tentativa de reduzir o ser humano a uma definição e de dissolvê-lo no meio de estruturas formais, sejam quais forem, é incompatível com a visão transdisciplinar.

Artigo 2 O reconhecimento da existência de diferentes níveis de realidade, regidos por lógicas diferentes, é inerente à atitude transdisciplinar. Toda tentativa de reduzir a realidade a um só nível, regido por uma lógica única, não se situa no campo da transdisciplinaridade.

Artigo 3 A transdisciplinaridade é complementar à abordagem disciplinar; ela faz emergir novos dados a partir da confrontação das disciplinas que os articulam entre si; oferece-nos uma nova visão da natureza da realidade. A transdisciplinaridade não procura a mestria de várias disciplinas, mas a abertura de todas as disciplinas ao que as une e as ultrapassa.

Artigo 4 A pedra angular da transdisciplinaridade reside na unificação semântica e operativa das acepções através e além das disciplinas. Ela pressupõe uma racionalidade aberta a um novo olhar sobre a relatividade das noções de "definição" e de "objetividade". O formalismo excessivo, a rigidez das definições e a absolutização da objetividade, incluindo-se a exclusão do sujeito, conduzem ao empobrecimento.

Artigo 5 A visão transdisciplinar é completamente aberta, pois ela ultrapassa o domínio das ciências exatas pelo seu diálogo e sua reconciliação não somente com as ciências humanas, mas também com a arte, a literatura, a poesia e a experiência interior.

Artigo 6 Em relação à interdisciplinaridade e à multidisciplinaridade, a transdisciplinaridade é multirreferencial e multidimensional. Leva em consideração, simultaneamente, as concepções do tempo e da história. A transdisciplinaridade não exclui a existência de um horizonte trans-histórico.

Artigo 7 A transdisciplinaridade não constitui nem uma nova religião, nem uma nova filosofia, nem uma nova metafísica, nem uma ciência da ciência.

Artigo 8 A dignidade do ser humano também é de ordem cósmica e planetária. O aparecimento do ser humano na Terra é uma das etapas da história do universo. O reconhecimento da Terra como pátria é um dos imperativos da transdisciplinaridade. Todo ser humano tem direito a uma nacionalidade; mas, com o título de habitante da Terra, ele é ao mesmo tempo um ser transnacional. O reconhecimento, pelo direito internacional, dessa dupla condição – pertencer a uma nação e à Terra – constitui um dos objetivos da pesquisa transdisciplinar.

Artigo 9 A transdisciplinaridade conduz a uma atitude aberta em relação aos mitos, às religiões e temas afins, num espírito transdisciplinar.

Artigo 10 Inexiste laço cultural privilegiado a partir do qual se possam julgar as outras culturas. O enfoque transdisciplinar é, ele próprio, transcultural.

Artigo 11 Uma educação autêntica não pode privilegiar a abstração no conhecimento. Ela deve ensinar a contextualizar, concretizar e globalizar. A educação transdisciplinar reavalia o papel da intuição, do imaginário, da sensibilidade e do corpo na transmissão do conhecimento.

Artigo 12 A elaboração de uma economia transdisciplinar é fundamentada no postulado segundo o qual a economia deve estar a serviço do ser humano e não o inverso.

Artigo 13 A ética transdisciplinar recusa toda e qualquer atitude que rejeite o diálogo e a discussão, qualquer que seja a sua origem – de ordem ideológica, científica, religiosa, econômica, política, filosófica. O saber compartilhado deve levar a uma compreensão compartilhada, fundamentada no respeito absoluto às alteridades unidas pela vida comum numa só e mesma Terra.

Artigo 14 Rigor, abertura e tolerância são as características fundamentais da visão transdisciplinar. O rigor da argumentação que leva em conta todos os dados é o agente protetor contra todos os possíveis desvios. A abertura pressupõe a aceitação do desconhecido, do inesperado e do imprevisível. A tolerância é o reconhecimento do direito a ideias e verdades diferentes das nossas.

Artigo final A presente Carta da Transdisciplinaridade está sendo adotada pelos participantes do Primeiro Congresso Mundial de Transdisciplinaridade, não se reclamando a nenhuma outra autoridade a não ser a da sua obra e da sua atividade. Segundo os procedimentos que serão definidos em acordo com os espíritos transdisciplinares de todos os países, a Carta está aberta à assinatura de todo ser humano interessado em medidas progressivas de ordem nacional, internacional e transnacional, para aplicação dos seus artigos nas suas vidas.

Portugal, Convento da Arrábida, 6 de novembro de 1994.

Comitê de Redação:
Lima de Freitas, Edgar Morin, Basarab Nicolescu

5

O Sermão da Montanha

Mt 5–7

Vendo aquelas multidões, Jesus subiu à montanha. Sentou-se e seus discípulos aproximaram-se dele. Então abriu a boca e lhes ensinava, dizendo:

Bem-aventurados os que têm um coração de pobre, porque deles é o Reino dos Céus!

Bem-aventurados os que choram, porque serão consolados!

Bem-aventurados os mansos, porque possuirão a terra!

Bem-aventurados os que têm fome e sede de justiça, porque serão saciados!

Bem-aventurados os misericordiosos, porque alcançarão misericórdia!

Bem-aventurados os puros de coração, porque verão a Deus!

Bem-aventurados os pacíficos, porque serão chamados filhos de Deus!

Bem-aventurados os que são perseguidos por causa da justiça, porque deles é o Reino dos Céus!

Bem-aventurados sereis quando vos caluniarem, quando vos perseguirem e disserem falsamente todo o mal contra vós por causa de mim.

Alegrai-vos e exultai, porque será grande a vossa recompensa nos céus, pois assim perseguiram os profetas que vieram antes de vós.

Vós sois o sal da terra. Se o sal perde o sabor, com que lhe será restituído o sabor? Para nada mais serve senão para ser lançado fora e calcado pelos homens. Vós sois a luz do mundo. Não se pode esconder uma cidade situada sobre uma montanha nem se acende uma luz para colocá-la debaixo do alqueire, mas sim para colocá-la sobre o candeeiro, a fim de que brilhe a todos os que estão em casa. Assim, brilhe vossa luz diante dos homens, para que vejam as vossas boas obras e glorifiquem vosso Pai que está nos céus.

Não julgueis que vim abolir a lei ou os profetas. Não vim para os abolir, mas sim para levá-los à perfeição. Pois em verdade vos digo: passará o céu e a terra, antes que desapareça um jota, um traço da lei.

Aquele que violar um destes mandamentos, por menor que seja, e ensinar assim aos homens, será declarado o menor no Reino dos Céus. Mas aquele que os guardar e os ensinar será declarado grande no Reino dos Céus. Digo-vos, pois, se vossa justiça não for maior que a dos escribas e fariseus, não entrareis no Reino dos Céus.

Ouvistes o que foi dito aos antigos: Não matarás, mas quem matar será castigado pelo juízo do tribunal. Mas eu vos digo: todo aquele que se irar contra seu irmão será castigado pelos juízes. Aquele que disser a seu irmão: Raca, será castigado pelo Grande Conselho. Aquele que lhe disser: Louco, será condenado ao fogo da geena. Se estás, portanto, para fazer a tua oferta diante do altar e te lembrares de que teu irmão tem alguma coisa contra ti, deixa lá a tua oferta diante do altar e vai primeiro reconciliar-te com teu irmão; só então vem fazer a tua oferta. Entra em acordo sem demora com o teu adversário, enquanto estás em caminho com ele, para que não suceda que te entregue ao juiz, e o juiz te entregue ao seu ministro e sejas posto em prisão. Em verdade te digo: dali não sairás antes de teres pago o último centavo.

Ouvistes o que foi dito aos antigos: Não cometerás adultério. Eu, porém, vos digo: todo aquele que lançar um olhar de cobiça para uma mulher, já adulterou com ela em seu coração.

Se teu olho direito é para ti causa de queda, arranca-o e lança-o longe de ti, porque te é preferível perder-se um só dos teus membros, a que o teu corpo todo seja lançado na geena. E se tua mão direita é para ti causa de queda, corta-a e lança-a longe de ti, porque te é preferível perder-se um só dos teus membros, a que o teu corpo inteiro seja atirado na geena.

Foi também dito: Todo aquele que rejeitar sua mulher, dê-lhe carta de divórcio. Eu, porém, vos digo: todo aquele que rejeita sua mulher, a faz tornar-se adúltera, a não ser que se trate de matrimônio falso; e todo aquele que desposa uma mulher rejeitada comete um adultério.

Ouvistes ainda o que foi dito aos antigos: Não jurarás falso, mas cumprirás para com o Senhor os teus juramentos. Eu, porém, vos digo: não jureis de modo algum, nem pelo céu, porque é o trono de Deus; nem pela terra, porque é o escabelo de seus pés; nem por Jerusalém, porque é a cidade do grande Rei. Nem jurarás pela tua cabeça, porque não podes fazer um cabelo tornar-se branco ou negro. Dizei somente:

Sim, se é sim; não, se é não. Tudo o que passa além disto vem do maligno.

Tendes ouvido o que foi dito: Olho por olho, dente por dente. Eu, porém, vos digo: não resistais ao mau. Se alguém te ferir a face direita, oferece-lhe também a outra. Se alguém te citar em justiça para tirar-te a túnica, cede-lhe também a capa. Se alguém vem obrigar-te a andar mil passos com ele, anda dois mil. Dá a quem te pede e não te desvies daquele que te quer pedir emprestado.

Tendes ouvido o que foi dito: Amarás o teu próximo e poderás odiar teu inimigo. Eu, porém, vos digo: amai vossos inimigos, fazei bem aos que vos odeiam, orai pelos que vos [maltratam e] perseguem. Deste modo sereis os filhos de vosso Pai do céu, pois Ele faz nascer o sol tanto sobre os maus como sobre os bons, e faz chover sobre os justos e sobre os injustos. Se amais somente os que vos amam, que recompensa tereis? Não fazem assim os próprios publicanos? Se saudais apenas vossos irmãos, que fazeis de extraordinário? Não fazem isto também os pagãos? Portanto, sede perfeitos, assim como vosso Pai celeste é perfeito.

Guardai-vos de fazer vossas boas obras diante dos homens, para serdes vistos por eles. Do contrário, não tereis recompensa junto de vosso Pai que está no céu. Quando, pois, dás esmola, não toques a trombeta diante de ti, como fazem os hipócritas nas sinagogas e nas ruas, para serem louvados pelos homens. Em verdade eu vos digo: já receberam sua recompensa. Quando deres esmola, que tua mão esquerda não saiba o que fez a direita. Assim, a tua esmola se fará em segredo; e teu Pai, que vê o escondido, recompensar-te-á.

Quando orardes, não façais como os hipócritas, que gostam de orar de pé nas sinagogas e nas esquinas das ruas, para serem vistos pelos homens. Em verdade eu vos digo: já receberam sua recompensa. Quando orares, entra no teu quarto, fecha a porta e ora ao teu Pai em segredo; e teu Pai, que vê num lugar oculto, recompensar-te-á. Nas vossas orações não multipliqueis as palavras, como fazem os pagãos que julgam que serão ouvidos à força de palavras. Não os imiteis, porque vosso Pai sabe o que vos é necessário, antes que vós lho peçais.

Eis como deveis rezar:

PAI NOSSO, que estais no céu, santificado seja o vosso nome;

venha a nós o vosso Reino; seja feita a vossa vontade, assim na terra como no céu.

O pão nosso de cada dia nos dai hoje;

perdoai-nos as nossas ofensas, assim como nós perdoamos aos que nos ofenderam;

e não nos deixeis cair em tentação, mas livrai-nos do mal.

Porque, se perdoardes aos homens as suas ofensas, vosso Pai celeste também vos perdoará. Mas se não perdoardes aos homens, tampouco vosso Pai vos perdoará.

Quando jejuardes, não tomeis um ar triste como os hipócritas, que mostram um semblante abatido para manifestar aos homens que jejuam. Em verdade eu vos digo: já receberam sua recompensa. Quando jejuares, perfuma a tua cabeça e lava o teu rosto. Assim, não parecerá aos homens que jejuas, mas somente a teu Pai que está presente ao oculto; e teu Pai, que vê num lugar oculto, recompensar-te-á.

Não ajunteis para vós tesouros na terra, onde a ferrugem e as traças corroem, onde os ladrões furtam e roubam. Ajuntai para vós tesouros no céu, onde não os consomem nem as traças nem a ferrugem, e os ladrões não furtam nem roubam. Porque onde está o teu tesouro, lá também está teu coração.

O olho é a luz do corpo. Se teu olho é são, todo o teu corpo será iluminado. Se teu olho estiver em mau estado, todo o teu corpo estará nas trevas. Se a luz que está em ti são trevas, quão espessas deverão ser as trevas!

Ninguém pode servir a dois senhores, porque ou odiará a um e amará o outro, ou dedicar-se-á a um e desprezará o outro. Não podeis servir a Deus e à riqueza.

Portanto, eis que vos digo: não vos preocupeis por vossa vida, pelo que comereis, nem por vosso corpo, pelo que vestireis. A vida não é mais do que o alimento e o corpo não é mais que as vestes? Olhai as aves do céu: não semeiam nem ceifam, nem recolhem nos celeiros e vosso Pai celeste as alimenta. Não valeis vós muito mais que elas? Qual de vós, por mais que se esforce, pode acrescentar um só côvado à duração de sua vida? E por que vos inquietais com as vestes? Considerai como crescem os lírios do campo; não trabalham nem fiam. Entretanto, eu vos digo que o próprio Salomão no auge de sua glória não se vestiu como um deles. Se Deus veste assim a erva dos campos, que hoje cresce e amanhã será lançada ao fogo, quanto mais a vós, homens de pouca fé? Não vos aflijais, nem digais: Que comeremos? Que beberemos? Com que nos vestiremos? São os pagãos que se preocupam com tudo isso. Ora, vosso Pai celeste sabe que necessitais de tudo isso. Buscai em primeiro lugar o Reino de Deus e a sua justiça e todas estas coisas vos serão dadas em acréscimo. Não vos preocupeis, pois, com o dia de amanhã: o dia de amanhã terá as suas preocupações próprias. A cada dia basta o seu cuidado.

Não julgueis, e não sereis julgados. Porque do mesmo modo que julgardes, sereis também vós julgados e, com a medida com que tiverdes medido, também vós sereis medidos. Por que olhas a palha que está no olho do teu irmão e não vês a trave que está no teu? Como ousas dizer a teu irmão: Deixa-me tirar a palha do teu olho, quando tens uma trave no teu? Hipócrita! Tira primeiro a trave de teu olho e assim verás para tirar a palha do olho do teu irmão.

Não lanceis aos cães as coisas santas, não atireis aos porcos as vossas pérolas, para que não as calquem com os seus pés, e, voltando-se contra vós, vos despedacem.

Pedi e se vos dará. Buscai e achareis. Batei e vos será aberto. Porque todo aquele que pede, recebe. Quem busca, acha. A quem bate, abrir-se-á. Quem dentre vós dará uma pedra a seu filho, se este lhe pedir pão? E, se lhe pedir um peixe, dar-lhe-á uma serpente? Se vós, pois, que sois maus, sabeis dar boas coisas a vossos filhos, quanto mais vosso Pai celeste dará boas coisas aos que lhe pedirem.

Tudo o que quereis que os homens vos façam, fazei-o vós a eles. Esta é a lei e os profetas.

Entrai pela porta estreita, porque larga é a porta e espaçoso o caminho que conduzem à perdição e numerosos são os que por aí entram. Estreita, porém, é a porta e apertado o caminho da vida e raros são os que o encontram.

Guardai-vos dos falsos profetas. Eles vêm a vós disfarçados de ovelhas, mas por dentro são lobos arrebatadores. Pelos seus frutos os conhecereis. Colhem-se, porventura, uvas dos espinhos e figos dos abrolhos? Toda árvore boa dá bons frutos; toda árvore má dá maus frutos.

Uma árvore boa não pode dar maus frutos; nem uma árvore má, bons frutos. Toda árvore que não der bons frutos será cortada e lançada ao fogo. Pelos seus frutos os conhecereis.

Nem todo aquele que me diz: Senhor, Senhor, entrará no Reino dos Céus, mas sim aquele que faz a vontade de meu Pai que está nos céus. Muitos me dirão naquele dia: Senhor, Senhor, não pregamos nós em vosso nome, e não foi em vosso nome que expulsamos os demônios e fizemos muitos milagres? E, no entanto, eu lhes direi: Nunca vos conheci. Retirai-vos de mim, operários maus!

Aquele, pois, que ouve estas minhas palavras e as põe em prática é semelhante a um homem prudente, que edificou sua casa sobre a rocha. Caiu a chuva, vieram as enchentes, sopraram os ventos e investiram contra aquela casa; ela, porém, não caiu, porque estava edificada na rocha. Mas aquele que ouve as minhas palavras e não as põe em prática é semelhante a um homem insensato, que construiu sua casa na areia. Caiu a chuva, vieram as enchentes, sopraram os ventos e investiram contra aquela casa; ela caiu e grande foi a sua ruína.

Quando Jesus terminou o discurso, a multidão ficou impressionada com a sua doutrina. Com efeito, Ele a ensinava como quem tinha autoridade e não como os seus escribas.

Referências

ARAGÃO, W.M. *Educação e valor* – O des-velar dos valores através da palavra do professor. Rio de Janeiro: UFRJ, 1996 [Tese de doutorado].

ARRUDA, M. *Educação para que trabalho? Trabalho para que ser humano?* – Reflexões sobre educação e trabalho humano, sua significação e seu futuro. Rio de Janeiro: UFF [Tese de doutorado].

BARRETT, R. *Criando uma organização dirigida por valores.* São Paulo: Antakarana, 2009.

_____. *Libertando a alma da empresa.* São Paulo: Cultrix, 1998.

BERG, Y. *O poder da Kabbalah.* São Paulo: Kabbalah, 2011.

BOFF, L. *Ecologia*: grito da Terra, grito dos pobres. Rio de Janeiro: Sextante, 2004.

_____. *Do iceberg à arca de Noé.* Petrópolis: Vozes, 2003.

_____. *Ética & eco-espiritualidade.* Campinas: Verus, 2003.

_____. *Ethos Mundial*: um consenso mínimo entre os humanos. Brasília: Letra Viva, 2000.

_____. *Saber cuidar* – Ética do humano, compaixão pela Terra. Petrópolis: Vozes, 1999.

_____. *A águia e a galinha*: uma metáfora da condição humana. Petrópolis: Vozes, 1998.

_____. *O destino do homem e do mundo*. Petrópolis: Vozes, 1978.

BOFF, L. & FREI BETTO. *Mística e espiritualidade*. 4. ed. Rio de Janeiro: Rocco, 1999.

BONDER, N. *Fronteiras da inteligência*. 3. ed. Rio de Janeiro: Campus, 2004.

BROTTO, F. *Jogos cooperativos* – O jogo e o esporte como um exercício de convivência. Santos: Projeto Cooperação, 2002.

_____. *Jogos cooperativos* – Se o importante é competir, o fundamental é cooperar. 6. ed. Santos: Projeto Cooperação, 2001.

BULFINCH, T. *O livro de ouro da mitologia* – História de deuses e heróis. 13. ed. Rio de Janeiro: Ediouro, 2001.

CAPRA, F. *Pertencendo ao universo*. São Paulo: Cultrix, 1991.

CEDOTTI, W. & SANTOS, O.R. *O valor de um olhar na escola, família e empresa*. São Paulo: Willis Harman House, 2003.

CHARDIN, P.T. *Hino do universo*. São Paulo: Paulus, 1994.

CHIDVILASANANDA, G. *Acenda a chama do meu coração*. Vol. I. Petrópolis: Vozes, 1995.

CREMA, R. *Introdução à visão holística* – Breve relato de viagem do velho ao novo paradigma. São Paulo: Summus, 1989.

CREMA, R. & ARAUJO, W. *Liderança em tempos de transformação*. Brasília: Letrativa, 2001.

DALAI LAMA. *Uma ética para o novo milênio*. Rio de Janeiro: Sextante, 2005.

D'AMBROSIO, U. *Transdisciplinaridade*. 2. ed. São Paulo: Palas Athena, 2001.

DELORS, J. *Educação*: um tesouro a descobrir. 6. ed. São Paulo: Cortez, 2001.

DEMO, P. *Saber pensar*. 2. ed. São Paulo: Cortez, 2001.

DISKIN, L. et al. *Ética* – Valores humanos e transformação. São Paulo: Peirópolis, 1998.

DUPAS, G. *Ética e poder na sociedade da informação*. 2. ed. São Paulo: Unesp, 2000.

EMPINOTTI, M. *Os valores a serviço da pessoa humana*. 2. ed. Porto Alegre: Edipcurs, 1994.

ESPEJA, J. *Espiritualidade cristã*. Petrópolis: Vozes, 1994.

FREIRE, P. *Pedagogia da indignação* – Cartas pedagógicas e outros escritos. São Paulo: Unesp, 2000.

_____. *Pedagogia da autonomia*: saberes necessários à prática educativa. 23. ed. São Paulo: Paz e Terra. 1996.

FRIGOTTO, G. *Educação e a crise do capitalismo real*. 4. ed. São Paulo: Cortez, 2000.

FRIGOTTO, G. et al. (org.). *Educação e crise do trabalho*: perspectivas de final do século. Petrópolis: Vozes, 1998.

GADOTTI, M. *Pedagogia da práxis*. 3. ed. São Paulo: Cortez/Instituto Paulo Freire, 2001.

_____. *Pedagogia da Terra*. 2. ed. São Paulo: Peirópolis, 2000.

_____. *Perspectivas atuais da educação*. Porto Alegre: Artes Médicas Sul, 2000.

GOMES DE MATOS, F. *Empresa com alma*. Rio de Janeiro: Makron Books, 2001.

_____. *Empresa que pensa*. Rio de Janeiro: Makron Books, 1996.

GRILLO, N. (coord.). *Histórias da Tradição Sufi*. Rio de Janeiro: Dervish, 1993.

GRUPO 21 (org.). *O homem do futuro*: um ser em construção. São Paulo: Triom, 2002.

GUTIERREZ, F. *Educação como práxis política*. São Paulo: Summus, 1988.

KAHANE, A. *Como resolver problemas complexos*. São Paulo: Senac, 2008.

KNELLER, G. *Introdução à filosofia da educação*. Rio de Janeiro: Zahar, 1983.

KÜNG, H. *Religiões do mundo* – Em busca dos pontos comuns. Campinas: Verus, 2004.

_____. *Projeto de ética mundial*. São Paulo: Paulinas, 2003.

KÜNG, H. & SCHMIDT, H. *Uma ética mundial e responsabilidades globais*: duas declarações. São Paulo: Loyola, 2001.

LAURENT, P. & JAHAN, E. *As igrejas diante da empresa* – Cem anos de pensamento social. São Paulo: Loyola, 1991.

MARCOVITCH, J. *A universidade impossível*. São Paulo: Futura, 1998,

MARIOTTI, H. *As paixões do ego*: complexidade, política e solidariedade. São Paulo: Palas Athenas, 2000.

MASLOW, A. *Maslow no gerenciamento*. Rio de Janeiro: Qualitymark, 2000.

MATOS, G.A. *Storytelling* – Líderes narradores de histórias. Rio de Janeiro: Qualitymark, 2010.

McLAREN, P. *Multiculturalismo crítico*. 3. ed. São Paulo: Cortez, 2000.

MORIN, E. *Ética*. Porto Alegre: Sulina, 2005.

_____. *Ciência com consciência*. 6. ed. Rio de Janeiro: Bertrand Brasil, 2002.

_____. *Os sete saberes necessários à educação do futuro*. 4. ed. São Paulo: Cortez, 2001.

_____. *Introdução ao pensamento complexo*. Lisboa: Instituto Piaget, 1990.

MORIN, E. & KERN, A.B. *Terra-pátria*. Porto Alegre: Sulina, 2005.

MORIN, E. & MOIGNE, J.L. *A inteligência da complexidade*. 3. ed. São Paulo: Peirópolis, 2004.

NASH, L. *Ética nas empresas*. São Paulo: Makron Books, 2001.

NICOLESCU, B. *O manifesto da transdisciplinaridade*. 2. ed. São Paulo: Triom, 2002.

PETRAGLIA, I.C. *Edgar Morin* – A educação e a complexidade do ser e do saber. 7. ed. Petrópolis: Vozes, 2002.

PIMENTA, S.S. & CORREA, M.L. *Gestão, trabalho e cidadania*: novas articulações. Belo Horizonte: Cepead, 2001.

RANGEL, A. *O que podemos aprender com os gansos*. São Paulo: Original, 2003.

SANTOS, M. *Por uma outra globalização*: do pensamento único à consciência universal. 9. ed. Rio de Janeiro: Record, 2002.

SCHWANFELDER, W. *Lao Tsé*: o segredo do Tao. Petrópolis: Vozes, 2009.

SENGE, P. *A quinta disciplina*. 21. ed. Rio de Janeiro: Best Seller, 2006.

SENNETT, R. *A corrosão do caráter* – Consequências pessoais do trabalho no novo capitalismo. 6. ed. Rio de Janeiro: Record, 2000.

SEQUEIROS, L. *Educar para a solidariedade* – Projeto didático para uma nova cultura de relações entre os povos. Porto Alegre: ArtMed, 2000.

SERRANO, G.P. *Educação em valores* – Como educar para a democracia. Porto Alegre: ArtMed, 2002.

SILVA, T.T. *Identidades terminais* – As transformações na política da pedagogia e na pedagogia da política. Petrópolis: Vozes, 1996.

SOLOMON, R. *A melhor maneira de fazer negócios*. São Paulo: Negócios, 2000.

TONIN, N.J. *Vida mais vida* – Psicologia e espiritualidade. Petrópolis: Vozes, 2001.

TORRES, C.A. *Democracia, educação e multiculturalismo*: dilemas da cidadania em um mundo globalizado. Petrópolis: Vozes, 2001.

TSE, L. *Tao Te King*. São Paulo: Paulus, 2001.

VASQUEZ, A.S. *Ética*. 23. ed. Rio de Janeiro: Civilização Brasileira, 2002.

WEIL, P. *A mudança de sentido e o sentido da mudança*. Rio de Janeiro: Record, 2000.

_____. *A arte de viver em paz*. 5. ed. São Paulo: Gente, 1990.

YUS, R. *Educação integral*: uma educação holística para o século XXI. Porto Alegre: ArtMed, 2002.